ISENBERG · SEGELABENTEUER KARIBIK

HANS G. ISENBERG

# Segel-Abenteuer KARIBIK

PIETSCH VERLAG STUTTGART

Einbandgestaltung: Siegfried Horn, unter Verwendung eines Dias
des Autors.
Sämtliche Abbildungen stammen vom Verfasser.
Skizzen: Herbert Emmer

ISBN 3-613-50002-7

1. Auflage 1984
Copyright © by Pietsch-Verlag, Postfach 1370, 7000 Stuttgart.
Eine Abteilung des Buch- und Verlagshauses Paul Pietsch GmbH
& Co. KG.
Satz und Druck: Johannes Illig, 7320 Göppingen.
Buchbinderische Verarbeitung: Verlagsbuchbinderei Wilhelm Nething,
7315 Weilheim.
Printed in Germany.

# Inhalt

# Vorwort

Besserwisser, Pfennigfuchser, Stubenhocker – legt dieses Buch schnell zur Seite. Verpaßt nicht Eure wertvollen Stunden vor dem Fernsehkasten. Das Buch kann Euch nicht gefallen, denn es ist für Enthusiasten mit einem großen Traum geschrieben. Für Segler wie Du und ich, die jahrelang von der weiten Atlantiküberquerung mit einem kleinen Seekreuzer träumen. Wir haben den Traum wahrgemacht. Meine Frau Uschi, Tochter Nina (12) und ich – haben an der großen Freiheit geschnuppert. Das vergißt man nicht. Deshalb wurde dieses Handbuch geschrieben. Zum Nachmachen soll es anregen und zum Aufregen. Aber auch ›normal‹ gebliebene Segelfreunde können davon profitieren. Was sich auf 12 000 Kilometer Atlantikfahrt bewährt hat, wird auch an unseren Küsten Bestand haben.

# ERSTER TEIL

# Im Passat

## ZUSAMMENSTOSS AUF HOHER SEE

Es ist die 15. Nacht auf See. In einer Stunde beginnt meine zweite Nachtwache. Nichts deutet darauf hin, daß etwas passieren könnte. Mit fünf Knoten Fahrt rollt unsere ›Larantuka‹ im Passat. Vier Sekunden nach links, vier Sekunden nach rechts. Dazwischen zwei Sekunden Pause bei 20 Grad Schräglage.

Die Teller im Geschirrschrank klirren nur noch schwach, Uschi hat ein kleines Kissen dazwischen gesteckt. Über meiner Koje schaukelt das Netz mit dem alten spanischen Brot aus Gran Canaria. Morgen früh wird es Scheibe für Scheibe in Wasser eingelegt und in der Backröhre aufgebacken. Seit 1750 Seemeilen ›schleppen‹ wir es jetzt über den Atlantik.

Draußen im Cockpit schnurrt die elektrische Selbststeueranlage. Zehn Zentimeter Kurskorrektur nach links, dann für einen Moment zwei kurze Klick, Klick, sie justiert sich neu ein – wieder ein Zug nach rechts. Hunderttausendmal das gleiche Manöver. Eine Maschine, die das Leben an Bord erträglich macht.

Nur Ausschau halten kann sie nicht. Der Steuerautomat hält stur Kurs auf einen tonnenschweren, 170 m$^3$ großen stählernen Container, der voll mit Seewasser im Meer

8

dümpelt. Es ist noch Zeit für eine rasche Kurskorrektur, aber Uschi zündet sich gerade eine Zigarette an, ich schaue halbwach zum trockenen Weißbrot und unsere Nina schläft friedlich in ihrer Koje im Vorschiff.

Niemand sieht das Ungetüm, weil es von den ausgebaumten Passatsegeln abgedeckt wird. Der Zusammenprall schleudert mich aus der Koje. Mit dem Kopf schlage ich hart gegen den massiven Schrank. Nina landet zwischen zwei Segelsäcken und 40 kg Kartoffeln, zwanzig Kilo Zwiebeln und viel Gemüse in der ›Speisekammer‹ im Vorschiff. Uschi hängt zwischen der Cockpitbank und der steilen Treppe im Niedergang. Der Sicherheitsgurt hat gehalten. Das Boot steht, wild schwanken die beiden Masten im Seegang. Wasser im Schiff!

Wo kommt es her, wo ist das Leck? Neben unserem Kunststoffboot scharrt der Eisenklotz an der Bordwand entlang. Uschi zielt mit dem Halogenscheinwerfer direkt auf ihn. »Er hat uns getroffen, such' das Leck, ich mach das Beiboot fertig!«

Es ist passiert. Das ist der Untergang. Ganz ohne Panik registriere ich die Tatsache.

Ich stürze wieder in die Kajüte hinunter. Arbeite mich durch Schlafsäcke, Kartoffeln und Seesäcke zur Vorpik durch. Da unter den Polstern muß das Leck sein. Steigt das Wasser? Kein Rauschen? Nur das harte Schlagen des Containers. Unregelmäßig, unerbittlich, es trifft mich.

Hastig werfe ich die Polster und Abdeckplatten aus dem Bugraum, arbeite mich zum Dieseltank vor. Abgerissene hölzerne Verstrebungen stellen sich quer, aber der Tank ist noch da. Der Kunststoffrumpf ist trocken! Das gibt es nicht!

Zurück zur Schalttafel. Beide Bilgepumpen an. Uschi startet den Motor, die Zentrifugalpumpe kreischt los. Jetzt werden über 200 Liter Wasser in jeder Minute aus der ›Larantuka‹ gepreßt.

Nach dreißig Sekunden dreht die große elektrische Membranpumpe leer durch. Saugt nur noch Luft an. Gott sei Dank, das Wasser ist wieder draußen.

Eine halbe Stunde später. Nichts schlägt mehr an der Bordwand, die Passatbäume reiben in den Beschlägen, der Autopilot klickt wieder, das Boot rollt wieder von einer Seite zur anderen. Bordroutine kehrt wieder auf der ›Larantuka‹ ein. Uschi raucht drei Zigaretten hintereinander, Nina meint trocken: »Wer hat den Mist gebaut?« und schaut mich prüfend an. Nein, diesmal war es Schicksal.

Beim Zusammenstoß muß eine Heckwelle ins Boot geschwabbt sein. In der Aufregung haben wir es nicht bemerkt. Momente, die man nie vergißt.

Beim ersten Tageslicht stellen wir die Passatsegel back. Die Bordwand muß kontrolliert werden. Tiefe Riefen ziehen sich an der Bordwand entlang. Viel blaue Unterwasserfarbe fehlt. Ganz vorn am Bug hängen abgerissene Kunststoffteile herum. Der Rumpf ist stark beschädigt. Wie lange wird er der See standhalten? Eine Stunde, zwei Stunden, vielleicht auch einen Tag oder gar eine Woche.

Noch sind es fast 900 Seemeilen bis zum Ziel Martinique auf den Karibischen Inseln. Dort steht ein Travellift, der unsere Larantuka innerhalb von wenigen Minuten aufs trockene Ufer setzen kann. Wir werden noch acht bis zehn Tage auf See sein. Jede Meile, die wir gutmachen, bedeutet unendlich viel. Uschi kontrolliert alle paar Minuten den Wasserstand in der Bilge. Dort, an der tiefsten Stelle im Rumpf, sammelt sich alles Wasser an, das sonst durch den Rumpf fließen würde.

Nina packt alle Vorräte und Polster aus dem Vorschiff in die Hauptkajüte, die jetzt chaotisch aussieht. Ich brauche Platz für die Reparatur. Dann mixe ich eine schnellhärtende Paste aus Polyesterharz, Härter und Beschleuniger zusammen.

Mit sieben Lagen Polyestermatte zementiere ich von in-

10

nen die beschädigte Rumpfpartie, durch die im Gegenlicht die Sonnenstrahlen blitzen. Dünn wie eine Eierschale war der verbliebene Rest des Kunststofflaminats. Ein viertel Knoten mehr Fahrt, ein geringfügig seitlicherer Aufprallwinkel und unser Boot wäre abgesoffen wie eine leere Konservenbüchse.

## EIN GANZ NORMALER TAG

Zuerst ganz langsam, dann immer schneller taucht die Sonne aus dem Meer. Ganz plötzlich verändert sich die Farbe der Wellen. Aus schwarz wird rot, dann gelb. Mein Schlafsack ist naß vom Morgentau. Ich lösche die Sturmlaterne am geteilten Achterstag. Nur eine kleine Bugwelle schiebt unsere Larantuka vor sich her. Ich genieße die Stille, die uns umgibt. Noch 250 Seemeilen bis Martinique, wir könnten noch Wochen auf See sein, weil wir zufrieden mit uns sind.

Die Hektik und Ängste der ersten Tage sind vorbei. Die Spannung bleibt, aber es ist eine angenehme Spannung ohne Streß und Kampf. Zeit zum Nachdenken, Zeit für sich selbst. Gut wird der Tag verlaufen. Die Passatwolken werden jetzt von der aufgehenden Sonne angestrahlt. So verheißen alle Segelbücher die Freuden der Passatsegelei. Manchmal stimmen diese Eindrücke mit der Wirklichkeit überein.

Acht Uhr. Meine Nachtwache ist zu Ende. Die Tagesroutine beginnt, obwohl mir die Augen schmerzen. Jede Nacht nur etwa drei Stunden tiefen Schlaf. Dazwischen Ausschau halten, Segelwechsel, navigieren und das Logbuch führen − Selbstverständlichkeiten, die an die Kondition gehen.

Uschi dreht sich in der Koje herum, Nina schläft noch

wie ein Igel. Aber der Spiritus zum Vorheizen der Petroleum-Brenner riecht penetrant. Bei schlechtem Wetter kann es einem übel davon werden.

Fünf Minuten später brutzeln Speck und Eier in der Pfanne. Meine beiden Damen werden wach. Das Frühstück ist einer der Höhepunkte des Tages, es dauert fast eine Stunde lang. Erzählen über die Nachtwache. Uschi: »Der Mond ging erst gegen zwei Uhr nachts auf, er war so hell, daß ich die Seekarte ohne Taschenlampe leidlich lesen konnte.« Ich sah einen Frachter am nächtlichen Horizont vorbeiziehen, aber es war der rote Mars. Keine Nacht ist wie die andere auf See.

Frühstücksgeschirr abwaschen. Nina holt mit einem Eimer Meerwasser an Bord. Normales Spülmittel schäumt schwächer, aber es reinigt. Uschi trocknet diesmal ab. Morgen bin ich an der Reihe.

Halb zehn Uhr, Zeit für die erste Sonnenmessung mit dem Sextanten. Logbucheintrag mit dem derzeitigen Logstand, Kurs und der gemessenen Sonnenhöhe. Zeit zum Rasieren. Drei Tassen Süßwasser genügen zum Zähneputzen, Gesichtwaschen und zum Rasieren. Morgen spendiere ich mir wieder eine gründlichere Reinigung mit einer zwei Minuten-Dusche. Süßwasser sparen ist die erste Seglerpflicht.

Zum Schlafen bin ich jetzt zu munter. Wir legen einen großen Backtag ein. Wieder Pumpen und Vorheizen der Petroleumbrenner, Uschi knetet den Hefeteig für zwei Laibe Weißbrot. Schwarzes wäre uns lieber, aber das Roggenmehl ist schon verbacken.

Ich kontrolliere die Kartoffel- und Gemüsevorräte, das Mittagessen wird besprochen. Nina gießt ihre prächtige Kresse und schreibt in ihr Tagebuch: »Hans hat jetzt den Dreh' geschafft, macht ordentliche Arbeit und ist guter Laune.« Zwei Tage vorher kam ich schlechter weg: »Hans hat wieder Mist gebaut, hat Honigglas zerbrochen, Rie-

12

sensauerei.« Das Brot bäckt eine dreiviertel Stunde im Ofen. Uschi beobachtet ihr Werk und hört dabei Chris de Burgh mit dem Kopfhörer. Ich überprüfe die Schoten und Fallen sowie die Schäkel. Nichts reibt mehr gegeneinander, wir haben hart daran gearbeitet.

12 Uhr Mittags. Zeit für eine zweite Messung der Gestirnhöhe. Wieder Eintrag von zurückgelegter Distanz, Kurs und sekundengenauer Zeit zur Sonnenmessung. Jetzt rechne ich mit den nautischen Tafeln und dem nautischen Jahrbuch die Mittagsposition aus. Kein Hexenwerk, Nina und Uschi werden am Nachmittag noch einmal zwei Messungen durchführen und unsere Vormittag-Messung kontrollieren. Sie führen unabhängig von meinem Logbuch ein zweites Notizbuch mit den wichtigsten Daten.

Nach zehn Minuten Rechnerei steht die Position. Zweiter Höhepunkt des Tages – die neue Position. Wir haben 115 Meilen in den letzten 24 Stunden gutgemacht.

Das Brot ist fertig gebacken. Ein Fels von einem Brot, vor drei Tagen war es bei gleichem Rezept viel luftiger. Temperatur und Schiffsbewegungen sind daran schuld. Der friedliche Teil des Tagesablaufs beginnt. Ich lese ein Fachbuch, Uschi ihren Hemmingway, Nina einen Krimi. Die Selbststeueranlage arbeitet einwandfrei unter diesem sanften Passatwind. Nachmittags, gegen drei Uhr, praktiziert Uschi ihre berühmte Gymnastikstunde. Als gelernte Judolehrerin weiß sie ganz genau, was einem an Bord fehlt: Die Bewegung der Beine und der Bauchmuskulatur. Jeder macht seine 25 Kniebeugen, das Kreisen mit dem Oberkörper und die anderen Übungen. Nach zwanzig Minuten liege ich flach an Deck. Grinsende Gesichter über den schlappen Skipper.

Uschi berechnet den neuen, ganz wenig veränderten Kurs nach Martinique und korrigiert den Steuerautomat. Ich lege mich für eine Stunde auf die faule Haut und döse mit einem schon viermal gelesenen Buch vor mich hin.

Gegen sechs Uhr abends kommt wieder Leben aufs Schiff. Während Uschi das Abendessen kocht, hole ich mit dem Kurzwellenempfänger zuerst das Zeitzeichen von WWV aus Honolulu herein. Dann ›steuere‹ ich BBC-World-Service für die neuesten Nachrichten an. Nach dem geruhsamen Abendessen erzählt uns der Deutsche-Welle-Moderator alles Wichtige aus deutschen Landen. Nach allen tagespolitisch wichtigen Nachrichten folgt der Kommentar über einen neuen Kriegsausbruch im Vorderen Orient und den Kämpfen in Afghanistan.

Zurück auf Radio Peking. Klar und deutlich werden die gleichen Meldungen in Englisch durchgegeben, nur mit einem anderen politischen Akzent. Noch ein paar Drehungen am Empfänger, und Radio Moskau erzählt von neuen Grenzverletzungen an der russisch-chinesischen Grenze und über Siege der PLO. Hier draußen auf dem Ozean kotzt einen die ganze Politik herzhaft an. Leicht angewidert schalte ich auf den Wettersender und vernehme: Fair weather, no storm warning. Schluß mit dem Gequatsche, Uschi ruft nach einem Schluck Portwein.

Schon brennt wieder unsere Petroleumlampe im Heck und beleuchtet drei friedliche Segler, die am kommenden Tag vielleicht in Martinique einlaufen werden – wenn die Navigation richtig war.


LAND IN SICHT

Ankommen ist das Schönste, erzählt Beate Kammler in ihrem Buch »Komm wir segeln um die Welt«. Das ist die reine Wahrheit. Selbst gestandene Segler bekommen feuchte Augen, wenn die ersten Berggipfel aus dem Dunst sichtbar werden. Unzählige Sektflaschen wurden beim Anblick Martiniques schon entkorkt.

Nach wochenlanger Fahrt das Ziel vor Augen, da schwillt die Brust, da steigen Heldengefühle in einem auf, obwohl man nicht der erste noch der zehnte oder hundertste Entdecker war. Gegen neun Uhr abends fällt der Anker.

Neben uns macht ein holländischer Segler fest. Seine Frau brüllt ihren Jan aus voller Kehle an:»Nie wieder mit Dir über den Atlantik, Du bist ein Scheusal, hätte ich das nur vorher gewußt.«

Eine halbe Stunde später sitzt Jan mit seiner Andrea neben der Zollstelle im schmuddligen Restaurant und schlürft mit glänzenden Augen einen Pinacolada. Andrea kuschelt sich an ihn und strahlt schon wieder.»Habt Ihr auch so eine schöne Überfahrt wie wir gehabt?« flötet sie zu uns herüber.

Der Zöllner von Martinique ist ein abgeklärter Mann: »Kurz nach der Ankuft wollen viele ihr Schiff sofort verkaufen. Eine Stunde später hat die Reise Spaß gemacht, und einen Tag später fragt sich das Paar: Wann fahren wir wieder los — es ist eine verrückte Welt.«

Wir feiern unsere Ankunft beschaulicher. Sorgsam legen wir die Segel zusammen. Bringen noch einen zweiten Anker aus und genießen die Stille einer schönen Ankerbucht.

Dann ein gutes Abendessen am Steg, ein Spaziergang durch das nächtliche Martinique. Schöne Kreolinnen sehe ich mir an, aber Uschi drängt zum Schiff zurück. Die lauten Autos, Busse, Menschen — wir sind sie nicht mehr gewohnt. Ganz leicht dümpelt unsere Larantuka vor Anker, wir sind wieder daheim.

# ZWEITER TEIL

# Vorbereitung für die große Fahrt

## AB IN DIE KARIBIK:
## DER ZEITPLAN MUSS STIMMEN

Mindestens ein Jahr vor der Atlantik-Überquerung muß der Zeitplan stehen. Das gefährliche Herbstwetter in der Biscaya und im Englischen Kanal zwingt die Ost- und Nordseesegler zum Aufbruch im besten Hochsommer. Mitte Oktober ist der äußerste Termin, wo man Cap Finestere noch querab peilen sollte. Sicherer ist die Überquerung der Biskaya im Juni oder Juli.

Mitte September sollten in Gibraltar oder Ceuta die letzten Nachzügler aus dem Mittelmeer eintreffen. Dann geht es über Madeira zu den Kanarischen Inseln. Wir segelten diese rund 1000 Seemeilen Anfang Oktober. Ende Oktober kann sich der kräftige Levante zu einem Gegenwind entwickeln. Eine Direktfahrt von Lissabon über Cap Vincent nach Gibraltar kann dadurch erheblich erschwert werden.

Man wartet in Gibraltar auf vernünftiges Wetter mit Nordostwind und segelt dann bequem in 7 − 10 Tagen nach Teneriffa oder Gran Canaria.

Die Flugleitung im Airport von Gibraltar gibt sehr de-

Raumschots läuft
unsere ›Larantuka‹
gut sieben Knoten.
Vollausgerüstet
verdrängt sie
12 Tonnen.

# Autark für drei Monate:
# Innenraum der LARANTUKA

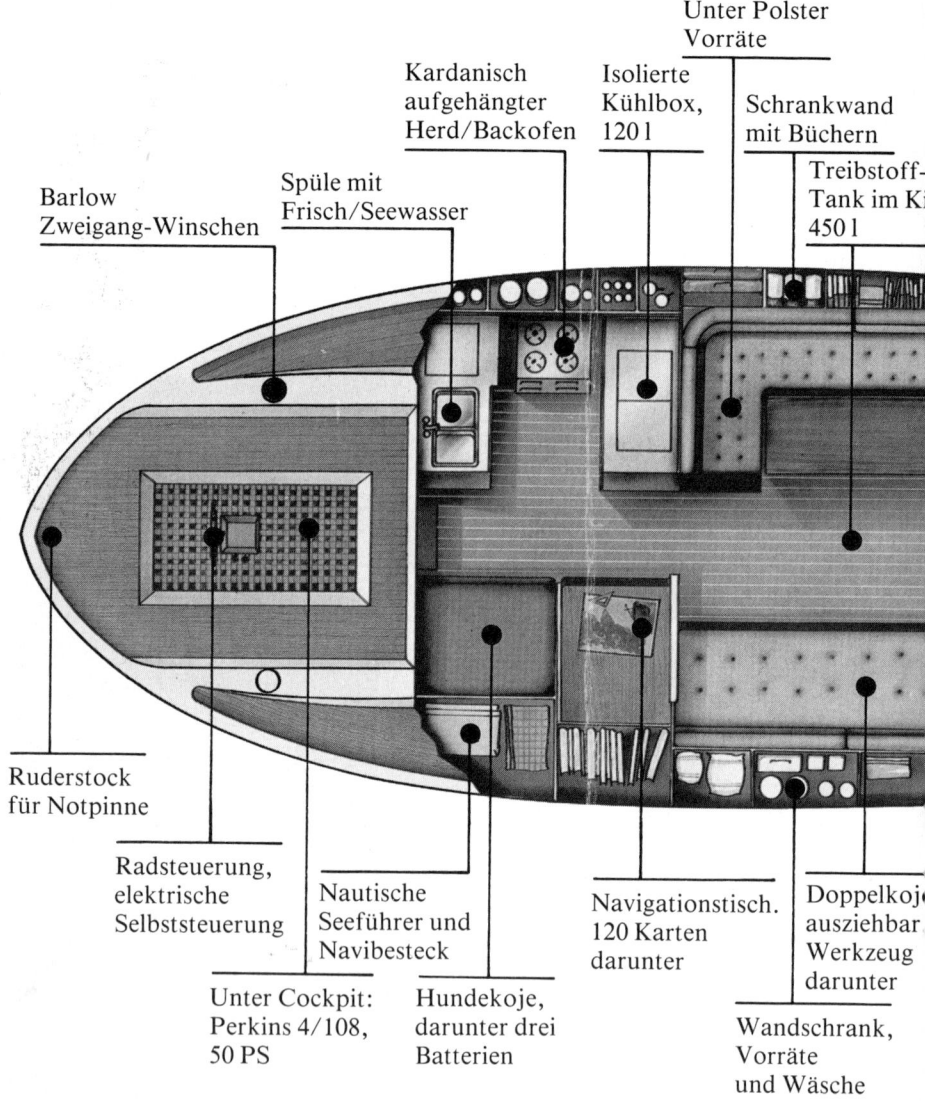

Unter Polster
Vorräte

Kardanisch
aufgehängter
Herd/Backofen

Isolierte
Kühlbox,
120 l

Schrankwand
mit Büchern

Barlow
Zweigang-Winschen

Spüle mit
Frisch/Seewasser

Treibstoff-
Tank im K
450 l

Ruderstock
für Notpinne

Radsteuerung,
elektrische
Selbststeuerung

Nautische
Seeführer und
Navibesteck

Navigationstisch.
120 Karten
darunter

Doppelkoj
ausziehbar
Werkzeug
darunter

Unter Cockpit:
Perkins 4/108,
50 PS

Hundekoje,
darunter drei
Batterien

Wandschrank,
Vorräte
und Wäsche

**Technische Daten:**

**Typ: Tayana 37 Ketsch · Länge ü. A.: 14,10 m · mit Bugkorb Länge über Deck: 11,80 m · Breite: 3,50 m · Wasserlinien-Länge: 9,40 m · Verdrängung leer: 10,5 t · Balastanteil: 42% · Baumaterial: Rumpf-Deck GFK · gemäß Englischem Lloyd.**

Wasch/
Toilettenraum    Baby Blake
mit Dusche       Seewasser-Toilette

Unter Polster –
zwei Trinkwassertanks

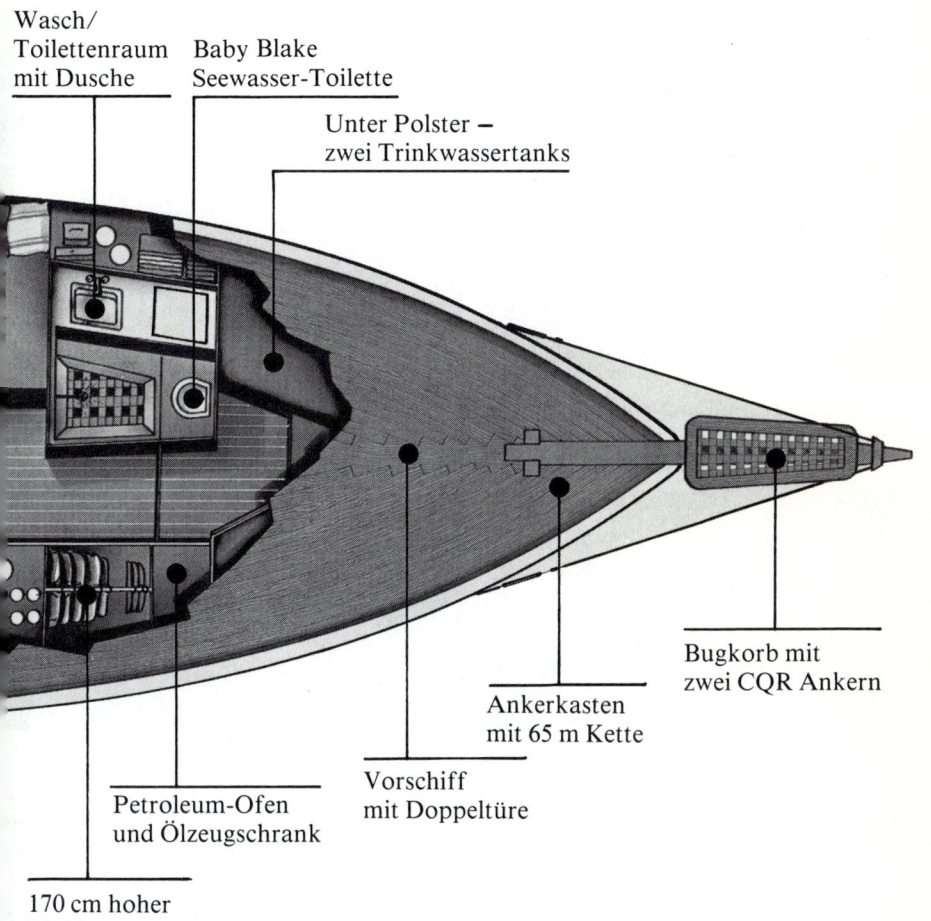

Bugkorb mit
zwei CQR Ankern

Ankerkasten
mit 65 m Kette

Vorschiff
mit Doppeltüre

Petroleum-Ofen
und Ölzeugschrank

170 cm hoher
Kleiderschrank

**Toilettenraum mit voller Stehhöhe und Dusche.**

**Unter der Niedergangstreppe ist der 50-PS-Perkins-Vierzylinder-Dieselmotor. Frischproviant für die Atlantik-Überquerung.**

**Oben:**
**Gibraltar. Schon**
**die Endstation**
**mancher Weltum-**
**seglung.**


**Der Atlantik zeigt**
**Charakter. In fünf**
**Tagen 820 See-**
**meilen.**


**Rechte Seite:**
**Mein Freund**
**bekommt eine**
**Wurzelbehandlung**
**von mir spendiert.**

taillierte Auskünfte über die Großwetterlage. Ohnehin liegen um diese Jahreszeit einige hundert Langstreckensegler in Gibraltar vor Anker. Ein Erfahrungsaustausch zahlt sich immer aus und nimmt die Nervosität vor dem offenen Atlantik.

Nach letzten Vorbereitungsarbeiten geht die Reise über den Atlantik Anfang November los. Große Charterjachten starten auch schon Mitte Oktober ihre Reise über den großen Teich. Allerdings riskiert man dann bei der Ankunft in Barbados noch die Begegnung mit einem Hurrikan zum Ende der Saison.

Von Mitte November bis Ende Februar kann der Atlantik auf der Passatroute von Ost nach West sicher überquert werden. Einmal benötigte ich 19 Tage, das zweite Mal 23 Tage. Alles unter vier Wochen ist eine gute Zeit.

Die Unterschiede liegen an der zweckmäßigen Leichtwetterbeseglung. Ohne Spinnaker oder Booster wird bei gleichen Windverhältnissen eine vergleichbare Yacht drei bis sieben Tage länger brauchen.

Hurrikan-frei ist die Karibik zwischen Mitte November und Mitte Mai.

Die Rückreise über die Bermudas und Azoren nach Mitteleuropa dauert länger. Der Passat bläst in einem 2000 Seemeilen langen Bogen bis zu den Bermudas. Deshalb segeln kleinere Boote schon Mitte März von Insel zu Insel zu den Bermudas.

Große Charteryachten nehmen im April noch an der Antigua Race Week teil und segeln dann in langen Schlägen Nonstop zu den Bermudas und weiter nach Horta auf den Azoren.

Etwa 250 Yachten treffen sich Ende April – Mitte Mai auf Horta. Von dort aus geht es in 14 Tagen dann weiter und zurück in die Ostsee oder das Mittelmeer.

Neun Monate dauert diese Rundreise im Normalfall.

Bei unserem zweiten Törn segelten wir erst Ende Juni

von St. Lucia aus an den Bermudas vorbei zu den Azoren. Vom Hurrikan-Ausläufer bis zur wochenlangen Flaute erlebten wir sämtliche Wetterlagen. Empfehlenswert ist dieses späte Abreisedatum von der Karibik nach Europa zurück bestimmt nicht.

Lieber schon Anfang April von den Karibischen Inseln über die Bermudas lossegeln. In Horta für drei bis vier Wochen vor Anker gehen und dann, wenn in Mitteleuropa der Sommer kommt, nach Hause segeln. Das ist sicherer und die Gefahr von Hurrikanen ist verschwindend gering.

Wenig sinnvoll ist die Fahrt von der Algarve/Faro Mitte November zu den Kanarischen Inseln. Hier können noch Nordatlantik-Stürme auftreten, die jedem Boot gefährlich werden.

Wir lagen bei unserer ersten Atlantiküberquerung für vier Tage in der Marina von Puerto Rico/Gran Canaria. In der Takelage heulte der Wind mit über zehn Beaufort. 150 Meter lange Leinen verbanden uns mit dem gegenüberliegenden Kai. Die kleine Tiefdruckstörung entpuppte sich als handfester Sturm. Selbst größere Frachter brachten dicht unter Land zwei Anker aus. Ein Frachter mit 14 deutschen Seeleuten an Bord sank vor den Bermudas. Der ganze Atlantik war ein einziges Sturmtief auf der Wetterkarte.

Wer unter diesen verheerenden Umständen mit seiner kleinen Yacht die Kanarischen Inseln anlaufen wollte, bekam seine Lektion drastisch erteilt: Fahr los, wenn Wind und Wetter gut sind. Bleib im Hafen, wenn Wind und Seegang gegen Dich wehen.

Unter Zeitdruck wird jeder Langtörn unbefriedigend enden. Dabei kann Segeln so schön sein, wenn man sich Zeit nimmt und das Meer genießt.

# NAVIGATION IST KEIN HEXENWERK:
## WAS WIRD VERLANGT?

»Mir kann die ganze Astro-Navigation den Buckel herunterrutschen, ich komme in die Karibik, so wahr ich John Blake heiße.« Große Töne klopfte der englische Bierbrauer. Nach drei Monaten klang es kleinlauter aus der Kombüse seiner 14 Meter langen Yacht: »Well, ich hätte mir viel Zeit, Geld und eine Menge aufregender Minuten ersparen können, wenn ich vorher gebüffelt hätte.« John Blake lag neben unserem Boot im Hafen von Puerto Rico auf den Kanarischen Inseln. Nur mit Log und Kompaß bewaffnet hatte er die Kanarischen Inseln mit viel Glück erspäht. Dann wollte er damit über den Atlantik mit Ziel Antigua: »Statt in Antigua anzukommen, strandete ich an der südamerikanischen Küste im Orinoko Delta.« Der agile Engländer war gut 500 Seemeilen von seinem Ziel entfernt hart angelandet. Mit einem bezahlten Skipper segelte er dann nach Antigua. Von Mißweisung und Deviation hat der Engländer bis heute nichts erfahren. Da nutzt der beste Kompaß nichts.

**Wieviel Navigation ist nötig?**

Eine sichere Navigation baut sich aus mindestens zwei Navigationsmethoden auf: Küstennavigation und Astronavigation nach Gestirnen. Die schon klassische Koppelnavigation mit Log und Kompaß wird bei uns an Bord völlig unabhängig von der Astronavigation parallel betrieben. Unterstützt wird die Koppelnavigation durch die Funkpeilung mit dem Aptel DDF 3000 Handfunkpeiler, der überraschend gute Ergebnisse liefert.

Die Ansteuerung von Barbados oder Martinique wäre nur mit einer sorgfältigen Koppelnavigation, die auch

Strom- und Windabdrift berücksichtigt, und der Funkpeilung möglich gewesen. Vor meiner ersten Atlantikreise hätte ich das glatt ins Reich der Navigations-Comics eingestuft.

Ein guter Handfunkpeiler erfaßt auf einem EFK-Boot ein starkes Flugfunkrichtfeuer schon auf die doppelte Entfernung wie es im Seehandbuch steht. Ein Beispiel: Die Azoren bekamen wir schon aus über 200 Seemeilen mit ausreichender Peilgenauigkeit zu fassen. Die Astronavigation mit Stopuhr, genau gehender Borduhr und dem Sextanten ist immer noch die preiswerteste und oft auch genaueste Navigationsart für einen Atlantiktörn. Daran können auch die zukunftsträchtigen Satellitennavigationsempfänger, weiterentwickelte Loran-C-Geräte oder ein Omega-Navigationsrechner wenig ändern. Tatsächlich benutzen alle bekannten Langstreckensegler die Astronavigation als Basis für den Standort. Viele arbeiten mit den neuen, kompakten Satellitenrechnern als Absicherung für ihre Astro-Berechnung. Hundertprozentig verläßt sich keiner der Segelprofis auf die moderne Computertechnik.

Beharrlich wird die Astro-Navigation als schwer zu erlernende Kunst von unzähligen Lehrbüchern beschrieben. Ich habe drei davon durchgeackert und am Ende doch nur die Hälfte davon kapiert. Das ist schlechter als gar nichts, weil sich ein Scheinwissen aufbaut, das auf offener See zur totalen Konfusion führen kann.

Bobby Schenk brachte mit seinem flott geschriebenen Buch ›Astro Navigation ohne Formeln − praxisnah‹ nicht nur für mich den Durchbruch. Heute finden unsere 13jährige Tochter Nina und meine bessere Hälfte einwandfrei den augenblicklichen Standort mit dem Sextanten. Mein Freund Heinz hat recht gehabt: »In einer halben Stunde bringe ich jedem Oberschüler die Grundlagen der Astronavigation bei«. Eine Mittagsbreite und eine Längenbestimmung aus zwei gleichen Winkelmessungen ergeben einen Standort, der besser ist als jede Koppelnavigation. Es würde hier zu weit führen, Bobby Schenks Lehrmethode nachzuschreiben. Fest steht, daß es kein leichter verständliches Buch gibt, das einen mit Hilfe einfacher Formeln und Rechenbeispiele auf zwei bis fünf Seemeilen genau ans Ziel bringt.

Selbstverständlich vereinfacht ein Navigationsmodul im Texas 58/59 C Taschenrechner oder im Hewland Packard 51 die Nachschlagerei im nautischen Jahrbuch. Eine Zeitersparnis ist es nicht. Rechner und Modul kosten ca. 800 Mark, davon kann man sich einen halben Booster oder neues Ankergeschirr kaufen. Fast alle mir bekannten Hochseesegler haben sich die Astronavigation selbst beigebracht. Erst die Übung macht den Meister. Tatsächlich ist die genaue Handhabung des Sextanten schwieriger als die ›verdammten‹ Berechnungen.

Ein guter Sextant ist Gramm für Gramm sein Geld wert. Am einfachsten arbeitet es sich mit einem Vollsicht-Sextant. Das wußte auch der Dieb, der meinen Cassen & Plath Vollsicht-Sextant in Horta klaute. Dieser Sextant kostet knapp 2000 Mark. Halb so teuer sind Zeiss-Freiberger-Sextanten aus der DDR. Für 500 Mark kann ein japanischer Tamaya-Sextant erworben werden, der nur halb so groß wie ein normaler Sextant ist.

Dieser Half-Size-Sextant ist schwierig in der Benutzung. Plastiksextanten aus Amerika sind in der Handhabung noch schwieriger und die Messungen sind weniger akkurat als mit einem Metallsextanten. Dennoch gibt es Segler, die damit um die Erde gesegelt sind!

Die Basismessungen sind bei allen Sextanten einfach. Am Vormittag wird die erste Höhenmessung ins Logbuch eingetragen. Dann folgt eine zweite Messung, wenn die Sonne den Zenith erreicht hat. Das ist die Mittagsbreiten-Messung. Fünf Minuten Nachschlagen im Nautischen Jahrbuch, fertig ist der Standort.

Nähern wir uns dem Landfall, folgen der Mittagsbreite noch einige Messungen bei abnehmendem Sonnenstand. Alle zwei Stunden wird noch der Kurs und Logstand im Bordbuch vermerkt.

Es geht auch einfacher. Die meisten Langstreckensegler lassen es mit einer Mittagsbreite bewenden. Erst vor dem Landfall wachen sie aus ihrem ruhigen Dasein auf und koppeln fleißig mit.

Navigation ist im weiten, offenen Atlantik ein Kinderspiel. Die wahren Qualitäten zeigen sich bei der Ansteuerung unbekannter Inseln. Da reicht Gottvertrauen nicht mehr aus, da muß ganz ernsthaft navigiert werden. Sonst gibt es Mord und Totschlag an Bord. Nichts nervt mehr als ein fauler Navigator, der seine Mitsegler über den Standort im unklaren läßt. Deshalb sollte jeder an Bord sich mit der harmlosen Astronavigation befassen.

## SEEKARTEN: NAVIGATORS LUST UND LAST

Natürlich hat der Segellehrer recht: Seekarten müssen neuesten Datums sein. Nur: grau ist alle Theorie, wenn die Reise ein paar Jahre dauert. Letztlich ist es immer noch am preiswertesten, wenn alle Seekarten und Seeführer vor Antritt der Reise in Hamburg oder London besorgt werden.

Ich ziehe die englischen Karten vor, weil sie preiswerter und detaillierter sind als deutsche Seekarten. Dafür sind die englischen Karten unübersichtlicher. Gut fährt man mit Seekarten lokaler Produktion. In Barcelona besorgt sich der zukünftige Atlantik-Segler die spanischen Karten bis zu den Kanarischen Inseln. In Gibraltar möchte der Navigator die englischen Übersegler-Karten für den Atlantik und die Karibischen Inseln erhalten. Viele Jahre galt Gibraltar als beste Einkaufsquelle für alle Seekarten. Das hat sich geändert. Im September und Oktober wird man nur mit viel Glück alle gewünschten Seekarten in Gibraltar erhalten.

Deshalb kaufe ich meine Karten vor Antritt der Fahrt in Hamburg ein (Liste siehe Anhang).

Seeführer vom Deutschen Hydrographischen Institut in Hamburg werden für die Berufsschiffahrt geschrieben. Wir ›Kleinbootsegler‹ werden an den ausgewählten Ankerplätzen wenig Freude haben. Die Tiefenangaben beziehen sich auf Sicherheitszonen von mittelgroßen Frachtern. Dennoch steht so viel Lesenswertes in diesen Führern, daß ich sie nicht missen mag.

Für die Karibischen Inseln kommen mit reinem Gewissen nur amerikanische Yachtführer von Donald M. Street jr. und Wilensky in Frage (siehe Anhang). Ein deutscher Seeführer über die Karibischen Inseln ist derart schlecht, ungenau recherchiert und lieblos aufbereitet, daß er mehr schadet als nutzt. Etliche Transozean-Segler haben sich über dieses Werk bitterlich im T. O. Bulletin beklagt.

Abgesehen von den Ansteuerungskarten der größeren Karibischen Inseln würde ich wieder das restliche Kartenmaterial in Barbados, Martinique oder in Bequia einkaufen. Dort gibt es sehr gute Seekarten, die speziell für die Bedürfnisse der Segler entworfen wurden und übersichtlich alle Gefahrenquellen zeigen. Selbst Peilungen sind darin eingezeichnet.

Seekarten und Führer kosten für eine Atlantik-Umrundung etwa 900 Mark. Sparsame Segler nehmen sich viel Pergamentpapier mit und zeichnen die Karten durch. Statt der teuren Seeführer kann eine aktuelle Beschreibung der Ansteuerung auch auf Band gesprochen werden. Das ersetzt nicht einen guten Seeführer, bietet aber neueste Informationen über Versorgungsmöglichkeiten mit Diesel, Wasser und Ersatzteilen. Für die kleineren, wenig besuchten Inseln ist dieser Erfahrungsaustausch unbezahlbar. Charterboot-Basen verkaufen auch an alle Segler Seekarten und Seeführer. Bei ›Stephans‹ oder ›The Moorings‹ in St. Lucia waren die Preise günstiger als im nahegelegenen, weit besser frequentierten Nautic Shop in Martinique.

Wer ein UKW-Funkgerät an Bord hat, kann sich über Ankerlieger durch eine Riffpassage auch über Funk hineinlotsen lassen. Bei amerikanischen Skippern ist das in den flachen Bahama Islands fast schon üblich. Noch ein Tip: mindestens 30 Prozent aller zukünftigen Atlantik-Segler haben spätestens in Gibraltar die Nase voll von kalten Nachtwachen und ungemütlichem Bordleben. Sie drehen ins Mittelmeer ab. Fragt man sich in der Gibraltar Marina etwas durch, werden plötzlich ganze Stöße von neuen, unbenutzten Karibik-Karten zu Spottpreisen angeboten. Die eigenen Mittelmeerkarten kann man dann gleich verkaufen.

## LEIDENSWEG EINES SEEKRANKEN SKIPPERS

»Das beste Mittel gegen die Seekrankheit ist ein tüchtiger Schluck Rum, dann nimmt man alles leichter.« Mein Freund Heinz hat Erfolg mit dieser alten Seefahrerweisheit, ich spucke nur noch toller.

Vom Unwohlsein bleiben nur wenige verschont. Wer bis jetzt noch nicht seekrank war, hat vielleicht noch nicht das rechte Wetter erlebt (so versuche ich mich zu trösten).

Eine längere Segeltour steht an. Jedesmal das gleiche Theater: Uschi wird nie seekrank, Nina ganz vereinzelt, Sohn Michael relativ häufig und der Käpt'n fast immer. Die gesammelten Erfahrungen meiner medizinischen Experimente enden mit dem Fazit: Seekrankheit muß sein!

Nach zwei, drei Tagen auf See bin ich drei Kilo leichter , um ›Jahre‹ gealtert, aber sichtlich beruhigt, daß die leidige Sache damit für den Rest der oft wochenlangen Reise ein Ende hat.

Jeder Mensch reagiert natürlich anders auf die zahlreichen Seekrankheitspillen. Nach unseren Erlebnissen helfen nur Zäpfchen (z. B. Peramesin) richtig. Sie sind in der Dosierung wesentlich stärker als Pillen. Schulpflichtige Kinder schlafen wie die Murmeltiere damit. Ist die erste Nacht auf See überstanden, wird bei uns niemand mehr zur Reling stürzen. Bei Pillen fängt die Bescherung schon nach einer Stunde an, dann bleibt nichts mehr im Magen zurück. Achtung Damen: Anti-Babypillen haben außenbords nichts zu suchen.

Aus Amerika besorgte ich mir Bonamin-Seekrankheits-Pillen, die weniger Müdigkeit verbreiten. Bei mir wirken Bonamine besser, bei unseren Kindern zeigte sich kein Unterschied, der Brechreiz stellte sich dennoch ein.

Dann lasen wir in einigen Yachtzeitschriften über erstaunlich gute Resultate von Stutgeron. In England wird diese Arznei auch als Stugeron verkauft. Beide Mittel wurden in wesentlich stärkerer Dosierung zur Stabilisierung des Gleichgewichtsorgans entwickelt. In geringerer Dosierung werden sie im Ausland als Seekrankheits-Tabletten frei verkauft. Bei uns ist dieses Mittel, wie auch die Zäpfchen, verschreibungspflichtig. Stutgeron hat keine einschläfernde Wirkung. Bei mir war der Heileffekt gleich Null.

Schließlich erprobten wir noch Seekrankheits-Kaugummi. Bei Kindern ist eine beruhigende Wirkung durchaus festzustellen, bei mir waren die nicht billigen ›Super-Peps‹ rausgeworfenes Geld.

Für mich beruht die Seekrankheit im wesentlichen auf psychologischen Motiven. Die Verantwortung für die Besatzung und das teure Schiff belastet jeden Skipper, wenn

3000 Seemeilen ohne ›rettendes‹ Land anstehen. Nach wenigen Stunden fühlt man sich sicher und gewinnt die alte Zuversicht zurück.

Seekrankheits-Zäpfchen haben den unschätzbaren Vorteil, daß ihre Wirkung mindestens 12 Stunden erhalten bleibt. Mit etwas gutem Willen kann auch ein kranker Skipper seine Wache gehen. Liegt er statt dessen in der Koje, verliert die Besatzung den Glauben an seine Fähigkeiten – und das ist schlimmer als die Seekrankheit.

Selbstmitleid fördert eher das Unwohlsein. Wir Erwachsenen halten den Wachwechsel also stur ein, die Kinder dürfen warm eingepackt in die Kojen. Nach eine paar Stunden Schlaf haben sie ihre Seebeine wiedergefunden. Wie sieht es mit Alkohol aus? Alkohol stärkt schon das Selbstbewußtsein. Tatsächlich hilft das bei vielen Seglern zu Beginn der Fahrt. Nach wenigen Stunden wird der Brechreiz um so schlimmer. Alkohol stört den Gleichgewichtssinn. Überbord gegangene Skipper sind keine Seltenheit. Die Gefahr ist zu Beginn der Reise am größten, weil die katzenhafte Behendigkeit noch fehlt, mit der man sich nach einigen Tagen auf See an Bord bewegt.

Vermutlich werden die meisten Langstreckensegler nur deshalb zu Beginn der Reise krank, weil sie am Abend vor der Abfahrt höllisch gebechert haben!

Am magenfreundlichsten sind Mehrrumpfboote. Ihre ›aufrechte‹ Gangart schont den Magen. Beim letzten Transatlantikrennen berichteten 75 Prozent der gestarteten Einrumpf-Segler über die schlimmen ersten Stunden auf See. Die weit stärkere Gruppe der Mehrrumpfsegler hatte keine Beschwerden.

Ablenkung ist für mich die beste Medizin. Deshalb sind unsere Startvorbereitungen so sorgfältig wie möglich. Nicht nur aus Gründen einer guten Seemannschaft bin ich so fleißig. Ich will mir die Navigation in den ersten Stunden erleichtern. Deshalb zeichne ich Kurs und Funkfeuer-

34

Kennungen in die Karte ein. Die Navigation muß stehen, bevor wir den Hafen verlassen. Gesteuert wird in den ersten Stunden von Hand, das lenkt ab. Erst bei Einbruch der Dunkelheit übernimmt die Selbststeueranlage das Rudergehen. Dann wird nur noch abwechselnd Wache gegangen. Am nächsten Morgen ist mit dem Sonnenaufgang fast immer die Seekrankheit untergegangen. Dann lebe ich auf und betrachte die Segelei wieder als das, was sie eigentlich sein soll: das zweitschönste Vergnügen auf dieser Erde.

## SICHERHEIT DURCH TEAMARBEIT

Noch 1280 Seemeilen bis Martinique. Bei Sonnenaufgang nehmen Wind und Seegang immer mehr zu. Unsere ›Larantuka‹ surft mit achterlichem Wind und voll ausgebaumten Passatsegeln immer steiler auf dem Rücken der Wellenberge. Der Druck von 85 qm Segelfläche auf die beiden Passatbäume biegt sie zu grotesken Bögen. Wie lange werden sie noch halten? Zum Bergen ist es schon zu spät. Der Mastbeschlag läßt sich nicht mehr öffnen.

»Übernimm das Ruder, wir müssen anluven,« schreie ich meiner Uschi zu, die die Selbststeueranlage aushängt und das schwer rollende Schiff nur unter Aufbieten aller Kraft vor dem Querschlagen schützt. Nur das nicht. Sonst werden wir von der nächsten Welle überrollt. Das kann nicht nur den Mast kosten, da kann der ganze Aufbau weggerissen werden, das kann das Ende unserer Fahrt bedeuten.

Ich hechte zurück ins Cockpit. Lieber zwei gerissene Passatbäume und zerfetzte Segel, aber nicht das Schiff. Sekunden später peitschen die beiden Schoten der Passatsegel gegen die Wanten — aber der Druck ist weg. Ich habe die beiden Schoten losgeworfen.

Ein Passatbaum gebrochen, beide Segel haben ein paar verbogene Stagreiter. Das Schiff ist wieder steuerbar. Jetzt noch die Fallen loswerfen und die Segel bergen. Gemeinsam holen wir Zentimeter um Zentimeter das Tuch ein. Nina steht am Ruder. Das war knapp! Unter nackten Masten rollt unser Boot mit immer noch drei Knoten Fahrt in leicht spitzem Winkel zu den hinter uns brechenden Wellen dahin. Acht Stunden später geht der Sturm auf acht Windstärken zurück. Jetzt können wir unter festgelaschtem Ruder beigedreht liegen. Logbucheintrag: Sturm in der Koje ›abgeritten‹, haben über 12 Stunden geschlafen!

## Sturz aus dem Mast

»Alles wieder in Ordnung, laß' mich runter«, rufe ich meinem schweizer Bekannten zu. Ein Ruck durchfährt meinen luftigen Sitz in 14 Meter Höhe, ich falle im Bootsmannstuhl festgezurrt an der Mastschiene hinunter. Meine Hände fassen vergeblich nach den auseinandergespreizten Wanten, dann schlage ich mit dem Oberschenkel auf die Saling auf. Irrsinniger Schmerz durchfährt mich, aber ich umklammere den Mast und presse mich an ihn wie ein Ertrinkender an eine Planke.

Was war passiert? René hatte das Fall für meinen Bootsmannsstuhl von der Großfallklampe ganz losgeworfen, statt es ganz langsam aufzufieren; ich fiel ungebremst nach unten.

Ein kleiner Fehler, aber für mich der Anlaß, Maststufen anzuschrauben. Nie wieder lasse ich mich von einem Neuling in den Mast winschen. Solche Fehler dürfen einfach nicht passieren.

## Wie man aus Fehlern lernt

Jeder macht an Bord Fehler, niemand ist vollkommen, aber nur wenige berichten über ihre eigene Dummheit.

Rennsegler Klaus Schroth: »Mein Feuerlöscher war falsch montiert. Beim ersten Sturm löste er sich aus seiner Halterung und traf mich an der Schläfe, ich lag für Minuten ohnmächtig über der Pantry. Zum Glück hatte ich Minuten vorher die Flamme gelöscht, sonst wäre der Kahn abgebrannt.« Beim nächsten Transatlantikrennen lag Klaus Schroth ganz vorne: »Ich wollte in der Flaute vor Neufundland den Rumpf von den fahrthemmenden Algen säubern. Plötzlich hob eine Welle das Boot an und knallte es mir mit voller Wucht auf meinen Kopf. Ohne Neoprenanzug und Rettungsweste wäre ich glatt ersoffen.«

Tristan Jones, der Arktissegler, schlug sich ein Auge aus, weil er den Großbaum nicht ausreichend gesichert hatte. Unter wahnsinnigen Schmerzen drückte er es wieder in die Augenhöhle zurück und nähte die geplatzte Augenbraue. Er überlebte.

Kein Segler ist vor Materialschäden sicher, aber das Risiko läßt sich mindern, wenn man aus den eigenen Fehlern und denen anderer Segler lernt. Ich halte es deshalb für völlig falsch, wenn die Bordgefährtin nicht alle seglerischen Manöver genau so gut beherrscht wie man selbst.

## WICHTIGER ALS ALLES ANDERE: HARMONIE AN BORD

Langstreckensegeln erfordert sehr viel Verständnis für den Partner. Niemand ahnt die Schwierigkeiten voraus, die an Bord auch unter den besten Freunden entstehen können. Mord und Totschlag hat es nicht nur auf der ehemaligen ›Wappen von Bremen‹ gegeben, bei der zwei Menschen auf der Fahrt nach Barbados erschossen wurden. So etwas kommt zwar selten vor, aber Vermutungen gibt es genug, daß auch auf anderen Yachten ein Teil der Besatzung Opfer der Mitsegler geworden ist. Da wurde dann eben einer als über Bord gegangen gemeldet.

Wer ahnt auch voraus, daß fehlende Hygiene oder ständiges Schnarchen zu Wutausbrüchen eskalieren kann. Eine verstopfte Toilette hat schon wilde Schlägereien ausgelöst, weil niemand der Schuldige sein wollte. Ich bin schon einmal mit einer fünfköpfigen Crew aus guten Freunden über den Atlantik gesegelt. Am Schluß der Reise stiegen zwei Mann total frustriert von Bord. Das nervenzerrende Rollen im Passatwind hatte einen davon so in Beschlag genommen, daß er mich nach Valium aus der Rettungsinsel anbettelte. Er war fix und fertig mit seinen Nerven. An Land hatte dieser ausgezeichnete Handwerker schon abenteuerliche Touren quer durch die Sahara mit seiner Freundin unternommen, und alles ging bestens.

Der ›schwächlichste‹ Bordkamerad war 63 Jahre alt; am Ziel in Martinique war die dreiwöchige unbequeme Fahrt ohne nervliche oder körperliche Probleme an ihm vorübergegangen. Der Mann war am Ende gesünder als beim Start! Mir sind etwas vorsichtige, ruhige Kameraden wesentlich sympathischer an Bord einer Langfahrt als die munteren ›was kostet die Welt‹-Typen. Es liegt nicht am guten Willen, den jeder beim Start an Bord bringt, sondern an der bisher noch wenig erforschten Reaktion, wenn eine Gruppe Freunde auf Gedeih und Verderb drei bis vier Wochen lang auf engstem Raum zusammenleben muß. Eine Rückkehr zum Startplatz ist nicht mehr möglich, weil Wind und Strom voll gegenanstehen.

Nach etlichen Versuchen mit Mitseglern halte ich ein Paar für die beste Besatzung. Kinder sind viel umgänglicher und verständnisvoller als an Land. Nach meinen eigenen Erfahrungen mit zwei Kindern ist eine Familien-Crew mit allen Kindern an Bord ideal. Vater und Mutter brauchen sich keine unnötigen Sorgen zu machen weil die Kinder dabei sind und nicht bei Verwandten oder im Internat das Ende der Fahrt herbeiwünschen.

Viele Einhandsegler sind nur deshalb allein unterwegs, weil der richtige Partner fehlt. Judy ist seit zwei Jahren mit ihrem Boot solo auf Weltreise. Sie wollte mit ihrem australischen Freund ein Schiff bauen und Ozeane überqueren. Der Freund bekam es mit der Angst zu tun, Judy hielt durch. Die hübsche 34jährige Büroangestellte brachte sich das Schweißen bei und baute innerhalb von 15 Monaten ein 30 Fuß langes Stahlboot, das sowohl optisch als auch in den Segeleigenschaften vorbildlich ist. Judy segelte von Australien nach Madagaskar über den Indischen Ozean und kam im Sommer 1983 von Kapstadt via St. Helena auf den Azoren, wo wir sie trafen, an. Weder Motor noch Passatsegel noch elektrisches Navigationszubehör hatte sie an Bord. Dafür 260 Bücher, eine Gitarre und ein erfrischendes Selbstverständnis für die Risiken und Entbehrnisse solch einer Reise: »Wenn Du um die Welt segeln willst, mußt Du alles andere vergessen. Es werden die härtesten, aber auch die schönsten Jahre Deines Lebens sein.« Judy kommt mit 350 Mark je Monat gut über die Runden: »Weil ich von Motoren nichts verstehe, blieb er in Australien. Mein Freund wäre nie losgesegelt, weil er alles vollkommen haben muß. Dabei ist ein Boot nie fertig, selbst wenn man Jahre darauf gelebt und daran gearbeitet hat.« Es ist die Angst vor dem eigenen Versagen, die viele Segler vor einer Ozeanpassage zurückschrecken läßt. Mir ging es nicht anders. Ich hatte echt Angst vor der Abfahrt. Völlig unbegründet ist die Angst mancher Ehemänner, die meinen, ihre Frau sei viel zu zart und schwach für eine wochenlange Atlantikfahrt. Meine Uschi und unsere Nina sind wesentlich widerstandsfähiger als ich und unser Michael. Frauen scheinen mir belastbarer zu sein, wenn es wirklich hart auf hart geht. Mit körperlicher Stärke hat die Segelei nichts zu tun. Was zählt, ist das Selbstbewußtsein, Dinge zu vollbringen, die neu sind und die eine schnelle Hand erfordern.

## Anforderungen an Bord

Das soll kein Quiz sein. Es sind typische Bordarbeiten, die es sehr selten beim Küstensegeln gibt, weil der Materialverschleiß bei einer Atlantiküberquerung etwa 10 Jahren Küstensegeln in warmen Sommermonaten entspricht.

Logbucheintrag: Bei sechs Windstärken in den Mast gewinscht, weil Großfall gerissen. Bei sieben Windstärken Großschotschäkel ausgewechselt. Bei acht Windstärken Selbststeuerungs-Ruder abmontiert. Kopf fast ständig unter Wasser. Bei sechs Windstärken 35-kg-CQR-Anker wieder festgezurrt, von Welle aus der Halterung gehoben. Bei sechs Windstärken Dieselfilter gereinigt, Motor entlüftet, weil aufgeschwemmter Schmutz Motor abgewürgt hat. Bei fünf Windstärken unter Deck zwei Stunden lang neue Steuerseile montiert, weil Kausch gerissen.

Die Liste könnte noch Seiten lang sein. Von derartigen Defekten bleibt kein Segler, der lange Reisen macht, verschont. Uschi und die 13jährige Nina sind für den ›Haushalt‹ und die Segel an Bord zuständig, ich plage mich mit der Mechanik herum. Navigiert und Wache geschoben wird abwechselnd.

Eine genaue Wacheinteilung ist nötig, weil sonst der Partner nicht zum Schlafen kommt. Uschi und ich gehen im Dreistunden-Takt Wache, Nina übernimmt jeweils die erste Stunde von 22 bis 23 Uhr und am frühen Morgen von fünf bis sechs Uhr.

Wie nötig eine gute Wache ist, dokumentiert unsere Begegnungsliste auf hoher See. Bei der Fahrt in die Karibik trafen wir sieben Frachter, bei der Rückreise über die Azoren begegneten uns 33 Schiffe! Ein Frachterkapitän

**Nach über drei Wochen auf See ist der Strand von Martinique der schönste auf der Welt. Es ist der 15. Dezember, in Deutschland liegt 30 Zentimeter Schnee. Stündlich berichtet die Deutsche Welle über neue Verkehrstaus in der 5000 Kilometer entfernten Heimat.**

40

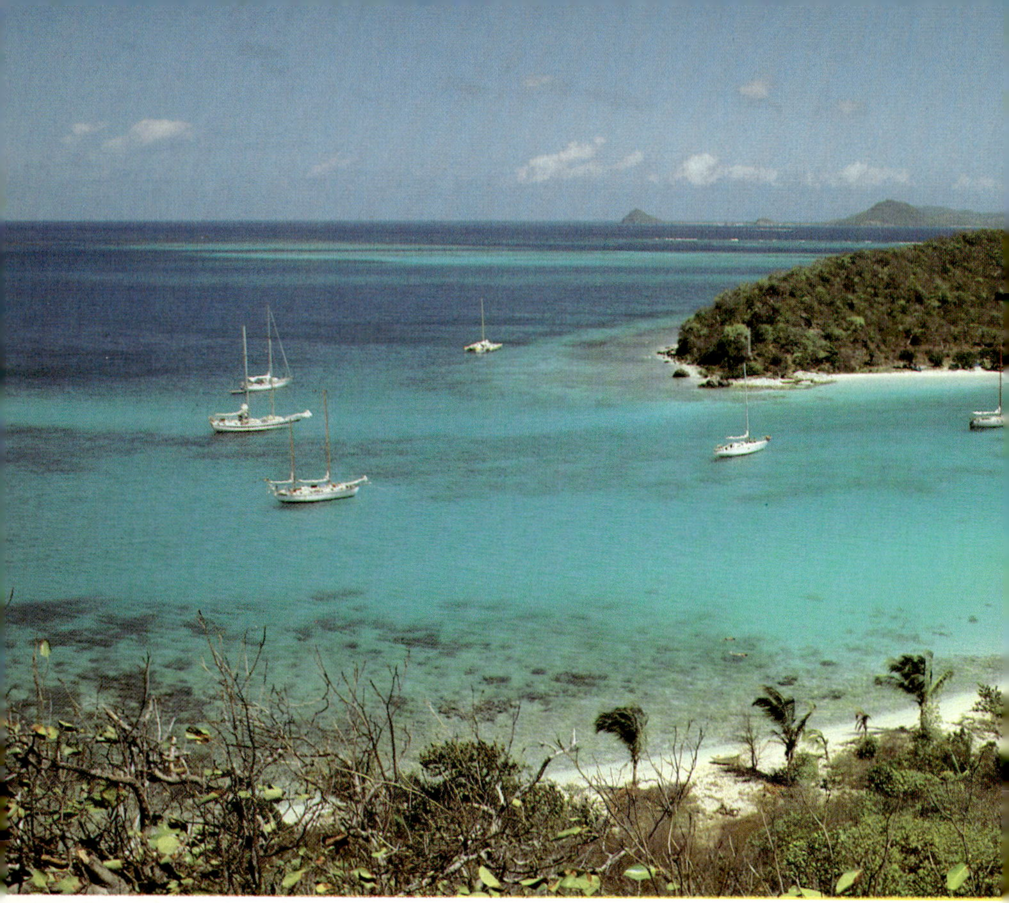

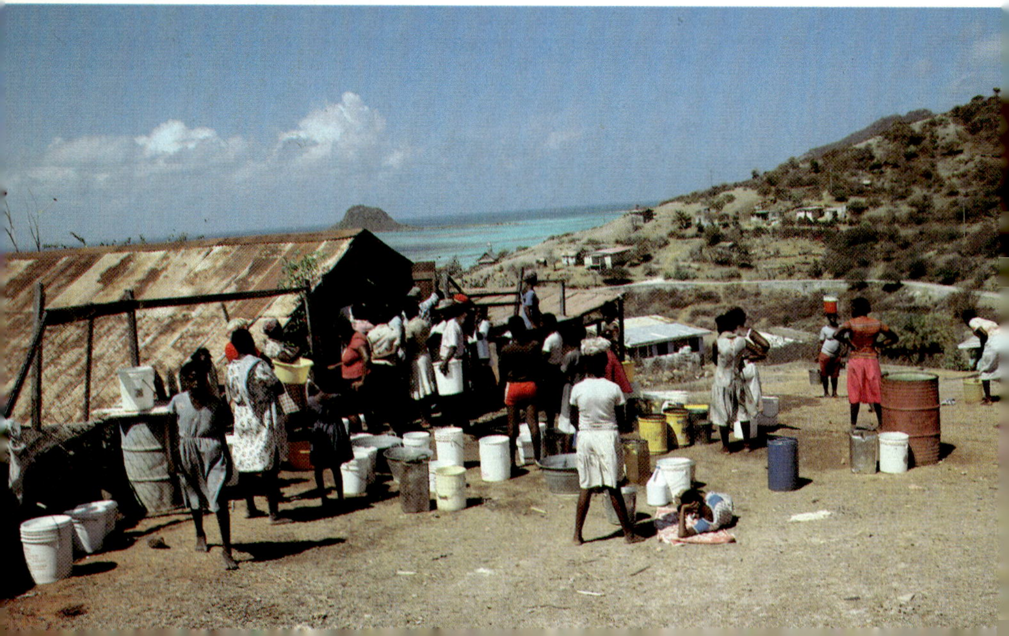

Linke Seite oben:
Die kleinen Grenadi-
nen sind das Traum-
revier für viele
Segler.

Oben:
Markt in St. Lucia,
Kartoffeln sind
Mangelware, dafür
gibts Brotfrüchte
im Überfluß.

Linke Seite unten:
Auf Union Island/
St. Vincent bekommt
jede Familie einen
Eimer Wasser pro
Tag.

Kleine Haifische in
einer seichten
Lagune.

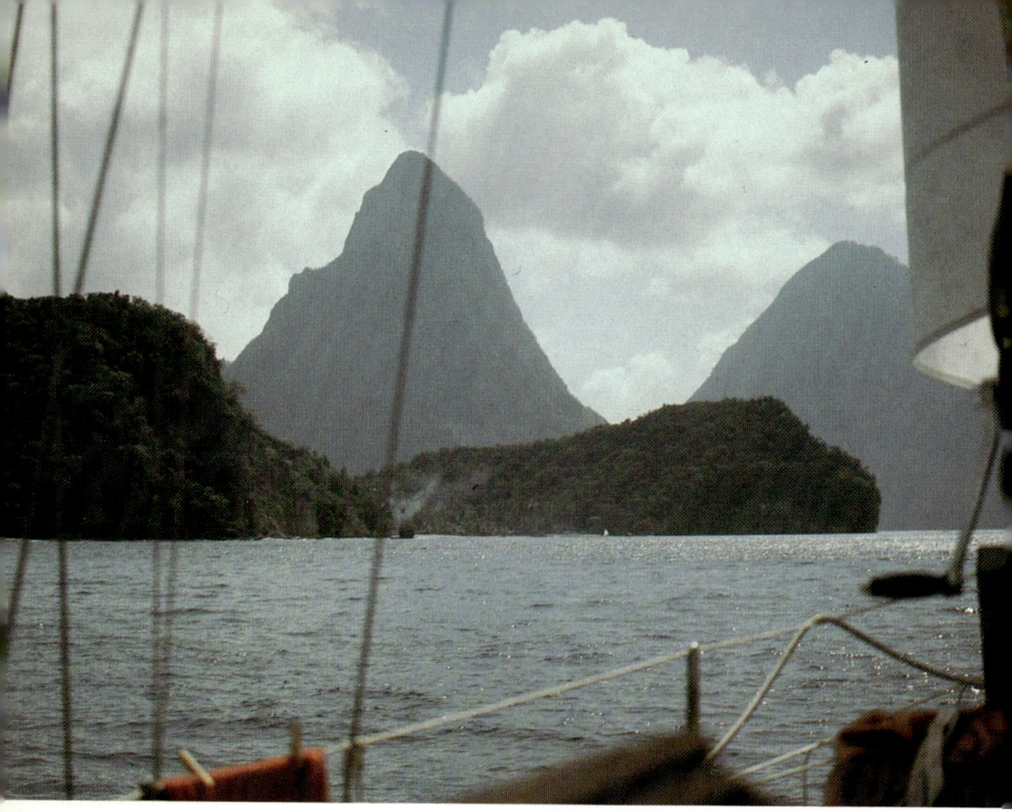

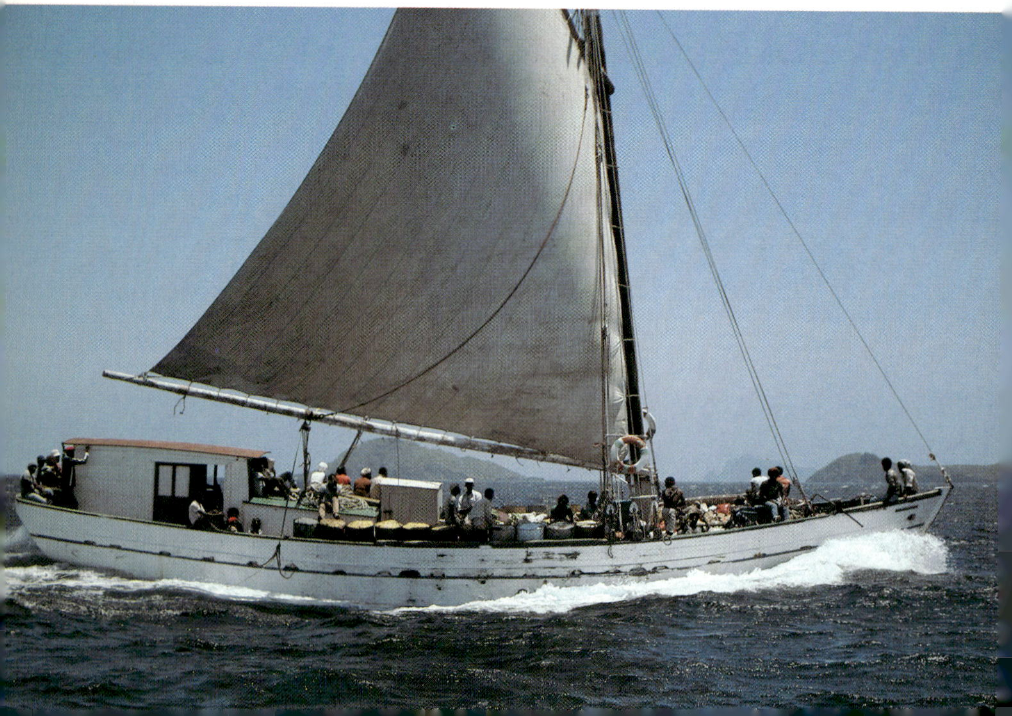

958 Meter hoch ist der Piton auf St. Lucia. Zweihundert Meter vor dem schmalen Strand fällt der Meeresboden noch auf 100 Meter ab.
Der kleine fliegende Fisch traf Uschi an der Stirn. Frau gesund – Fisch tot.
Einkäufe auf den Grenadinen: Direkt vom Beach Boy, dem Supermarkt oder vom Inselschoner, der die kleineren Inseln mit allem versorgt.

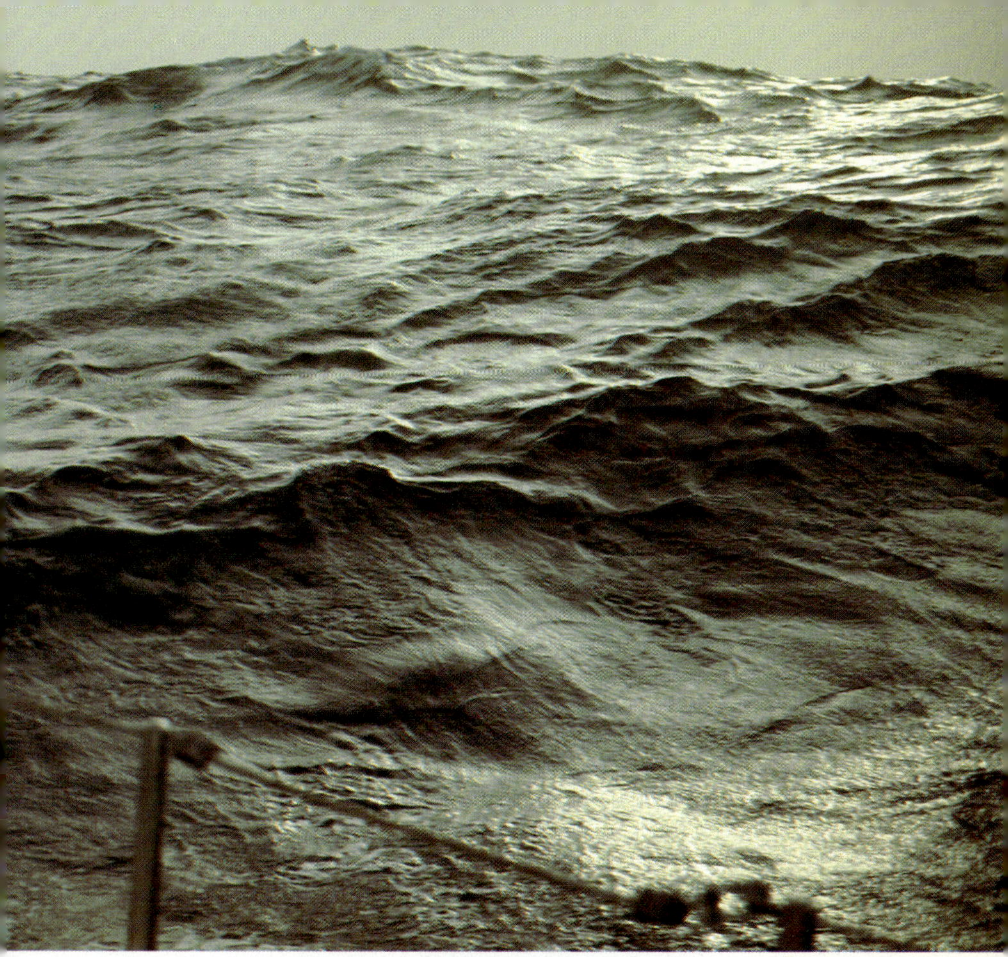

Kontraste: Schwer
rollt unser Boot.

Unten Mitte:
Abendstimmung auf
Guadeloupe.

Unten links:
Tätiger Vulkan auf
St. Vincent, ein Insel-
schoner fährt weiter
nach Grenada.

Uschi näht die große
Genua.

leuchtete Uschi mit dem Handscheinwerfer voll ins Cockpit, so knapp passierte unser Boot den viermal so schnellen Container-Giganten. Auch ein Zusammenstoß mit einem anderen Segelschiff ist möglich. Die deutsche Yacht ›Second live‹ verpaßte uns um vielleicht sieben Meter, als sie mit achterlichem Kurs unter Selbststeueranlage laufend ca. 550 Seemeilen von den Kanarischen Inseln entfernt die Kapverdischen Inseln ansteuerte. Ich rief hinüber, griff das Signalhorn, keine Reaktion. Das sympathische Ehepaar schlief fest in der Koje.

Langstreckensegeln ohne regelmäßige Wache ist uns zu gefährlich. Amerikanische Segler errechneten einen Durchschnittswert für einen Zusammenstoß auf hoher See: 1,4 Millionen Seemeilen muß ein Segler zurücklegen, dann ereilt ihn das Schicksal. Es mag tröstlich sein, aber ich schlafe nun mal besser in der Koje, wenn jemand Wache geht. Jahrelang kann alles gut gehen, nichts passiert, dann ist der Ofen aus. Das ist zu viel Risiko für ein bißchen mehr Bequemlichkeit.

**Die schönsten Windjammer fahren noch regelmäßig Chartergäste durch die Karibischen Inseln. Je Tag bezahlen die Gäste in der Luxuskabine der Sea Cloud fast 1000 Mark. Dafür kann meine Familie einen ganzen Monat auf dem eigenen Boot in der Karibik verpflegt werden. Hier liegt die Sea Cloud in der Bucht von Port Elizabeth/Beguia.**

# DRITTER TEIL

# Die Karibischen Inseln

## EINGEBORENE SIND AUCH MENSCHEN

Originalton eines Seglers: »Neger packen, totschlagen, ausbeinen, Haut als Tauchanzug verkaufen.« Makabre Sprüche fallen leicht, aber sie verletzen. Die karibischen Eingeborenen sind für mich weitaus intelligenter als viele ihrer afrikanischen Vettern und so mancher Weiße.

Schwarze karibische Beach Boys beherrschen die englische Sprache, verständigen sich auf Französisch ganz gut und schnappen deutsche Worte schnell auf.

Ines und Jörg hatten auf der ›Hannover‹ einen Eingeborenen als Koch engagiert: »Innerhalb von sechs Wochen konnte er sich in deutscher Sprache mit uns ganz gut verständigen. Sein Englisch war besser als meines, obwohl er nie eine Schule besucht hat.«

Die Eingeborenen in den Grenadinen haben Selbstbewußtsein und sind stolz auf ihr Land. Daß sie nicht so wohlhabend sind wie die meisten Pauschaltouristen, ärgert sie nur dann, wenn der Besucher sie ignoriert. Ein vernünftiges Nebeneinander will gelernt sein.

Bei meiner ersten Fahrt zu den Grenadinen schnauzte ich einen Beach Boy an: »Hau ab, ich mach meine Leine selber an der Palme fest.« Mitten in der Nacht war die teure Belegleine durchgeschnitten. Verlust 60 Meter Leine à

50

3,60 Mark. Hätte ich dem Jungen zwei Mark fürs Leinen-
manöver gegeben, wäre er zufrieden gewesen.

Selbstverständlich ist jede Art von Anbiedern schädlich.
Man macht ein kleines Geschäft zusammen und beide Teile sind zufrieden. Ich hatte nie wieder Schwierigkeiten mit
eingeborenen Beach Boys. Ein typischer Handel: »O.K.
Du bringst mir eine Staude Bananen für fünf EC-Dollar
und ein frisches Brot.« Eine halbe Stunde später habe ich
mein Brot und die Bananen, er seine vier Mark. Würde ich
die Bananenstaude regulär auf dem Markt einkaufen,
müßte ich acht Mark dafür bezahlen.

Schon um des guten Friedens willen sollte jeder Segler
die kleinen Dienste der Eingeborenen wahrnehmen.
Wenn die Reisekasse knapp ist, dann sage ich es, aber ich
schreie die Eingeborenen nicht an.

Völlig sinnlos ist es, wenn man das Schiff mit Gastge-
schenken füllt. Angelika hat nach zwei Jahren in den Gre-
nadinen immer noch 30 Kilo Kernseife in der Backskiste.
Auch karibische Schönheiten mögen lieber parfümierte
Seifen – und wie! Als ich mir in der Cumberland Bay die
Haare bei strömendem Regen einseifte, sahen mir ein paar
Schwarze mit großen Augen zu. Ich schenkte ihnen das
Shampoo. Der Erfolg war hinreißend. Nach wenigen Mi-
nuten war das halbe Dorf versammelt. Jetzt ging die
Shampooflasche reihum. Bald sah ich vor lauter weißem
Schaum kaum mehr die lachenden Gesichter. Gerade als
wir beim Abendessen waren, kam der Dorfälteste persön-
lich mit seinem Einbaum angerudert:»Master this is a pre-
sent.« Schon stopfte er unser Cockpit mit Kokosnüssen,
Bananen und drei toten Fischen voll. Erwartungsfroh grin-
ste mich seine fast zahnlose Tochter an . . .

## KEINE ANGST VOR DEN BEHÖRDEN

Ein- und Ausklarieren gehört in der Karibik zu den laufenden Pflichtübungen. Hält man sich an die Gesetze, wird die unangenehme Schreiberei auf etwa 10 Minuten reduziert. Härter trifft den Skipper die Gebührenverordnung. Die Prozedur an sich ist völlig unkompliziert. Man bringt die Pässe und Bootspapiere zum Zoll und zur Polizeistation. Dort werden die Daten im Einklarierungsbuch vermerkt. Bei der Ausreise müssen noch einmal die gleichen Papiere vorgezeigt werden, dann ist der Skip entlassen.

Im Umgang mit Behörden bewährt sich der weibliche Teil der Crew besonders gut. Ulrike von der ›Pelikan II‹ rauscht mit strahlendem Lächeln durch die Amtszimmer. Ihre fotokopierte Crewliste erspart ihr und den Beamten eine Menge Schreiberei.

Meist nach englischer Wesensart erzogen, sind Zöllner und Polizisten korrekt. Bisher wurden Bestechungsgelder nach meinen Erfahrungen immer abgewiesen. Deshalb sollten auch bei anderen Seglern die Sitten normal bleiben.

Nur in Antigua bekam ich die Macht der Staatsgewalt zu spüren. Ich lief ganz legal in die Freedom Bay ein, die nur wenige hundert Meter hinter dem offiziellen Einklarierungshafen liegt. Im Nelson Dockyard sind Zoll und Polizei rund um die Uhr auf Wache. Laut Seeführer kann allerdings auch regulär in der Freedom Bay einklariert werden.

Wir erlebten ein richtiges Komödienstadl à la Karibik. 1. Szene, Amtsstube der Polizeistation: »Ich möchte hier für einige Tage mit meiner Yacht liegen, hier sind die Papiere.« »Es tut mir sehr leid, aber ich muß ihr Schiff besichtigen.« Zusammen mit seinem Adjutanten nahm sich der Polizist für maximal 400 Meter Strecke ein Taxi. Das mußte ich bezahlen: 25 Mark! Besichtigung der Yacht, al-

52

les in Ordnung. Wieder Rückfahrt in die Polizeistation, wieder 25 Mark Taxigebühr. Der Polizist: »Jetzt muß noch der Gesundheitsoffizier das Boot besichtigen.« Szenenwechsel. Der Polizist verschwand und kehrte nach zehn Minuten wieder zurück. Diesmal mit neuem beigem Hemd, sein Polizeihemd war gräulich gewesen. Freundliche Begrüßung: »Sir, der Gesundheitsoffizier ist abwesend, ich nehme jetzt seine Aufgaben wahr.« Mühsam verkneife ich mir einen lockeren Spruch. Diesmal Fußmarsch zum Ufer, wieder übersetzen mit dem Beiboot zum Schiff, ansehen, rumschnüffeln, alles o. K., ich bin entlassen.

Szenenwechsel Nr. 3: Der Zöllner bittet um Audienz. Welche Überraschung – diesmal steckt im Hemd wirklich ein anderer. Wieder Besichtigung mit dem Taxi, dann Schreib- und Einklarierungsgebühren für 64 Mark. Und wer kassiert später an der Restaurantkasse des Nelson Dockyards unser Abendessen? Der Polizist (und Gesundheitsoffizier), diesmal in weißem Hemd. Sein Trinkgeld fiel äußerst spärlich aus. Offensichtlich war er die einzige Respektsperson, die Geld annehmen durfte.

Ich erzähle diesen Fall, weil er nur eine absolute Ausnahme sein kann. Niemals mehr ist mir ähnliches passiert.

Einige lockere Yachtis machen sich einen Spaß mit den Zöllnern und ignorieren sie gänzlich. Wochenlang kann das gutgehen. Nach Dienstschluß fahren diese Besserwisser in ihre Bucht, übernachten dort und reisen in aller Frühe vor Dienstbeginn wieder ab. In der Marigot Bay in St. Lucia wurde das des öfteren von zwei französischen ›Kollegen‹ praktiziert. Der Gegenschlag kam unvermutet. Beim Frühstück donnerte das neue Zollboot in die Ankerbucht. Zollkontrolle. Verdutzte Gesichter, 300 Mark Geldstrafe und ein Vermerk im Paß. Danach wurde das Einklarieren auf den weiteren Inseln zur Qual. Nach stundenlanger Warterei war endlich der ›richtige‹ Beamte zur Stelle. Hat sich der Lausbubenstreich gelohnt?

## WIE SICHER IST DIE KARIBIK?

Was ist an den Horrornachrichten dran? Tatsächlich wurden im letzten Jahr 42 Yachten als vermißt gemeldet. In den vergangenen drei Jahren verzeichnete die amerikanische Coast Guard 187 Piratenüberfälle im Karibischen Meer. Es muß etwas dran sein mit den Piraten. Wie kaum ein anderes Seegebiet eignen sich die kleinen, häufig unbewohnten Inseln zwischen Grenada und St. Juan durchaus als Schlupfwinkel.

Die 1500 Seemeilen lange Inselkette hat Tradition. Jahrhundertelang trieben hier die Kaperschiffe der englischen und französischen Könige ihr Unwesen. Freischaffende Piraten erlangten Weltruhm, weil sie tonnenschwere Gold- und Silberladungen der spanischen Flotte vor der südamerikanischen Küste abfingen und dann im Inselgewirr der Grenadinen Unterschlupf fanden und spurlos verschwanden — bis zum nächsten Beutezug.

Heute verschwinden schnelle Motoryachten im Gebiet zwischen Cartagena/Kolumbien, Teilen der venezulanischen Küste und den Bahama Islands. Sie werden als Heroin- und Kokain-Transporter benutzt. Segelschiffe sind zu unbeweglich für professionell arbeitende Rauschgiftbanden. Gibt es einen Schutz gegen Überfälle?

Ein bekannter deutscher Buchautor und Weltumsegler hat eine Maschinenpistole an Bord seiner holländischen Stahlyacht. Die Mehrzahl aller amerikanischen Langstreckensegler ist mit Schnellfeuerwaffen und Pistolen ausgerüstet. Europäische Segler tendieren mehr zu abgesägten Schrotflinten. Bei einem Bordüberfall einheimischer Jugendlicher mag eine Schrotflinte abschreckend wirken, ein professioneller Gangster wird mit seinen Handlangern dann erst richtig munter.

Ich halte Schnellfeuerwaffen und anderes gefährliches Gerät für wenig sinnvoll auf unserem Boot. Wir segelten

54

schon in Algerien, Marokko und einigen südamerikanischen Staaten, wo Feuerwaffen an Bord einer ausländischen Yacht ganz normal sind. Wir hatten nie eine Waffe dabei. Ständiges Training im Gebrauch von Feuerwaffen gehört zur sicheren Handhabung – und die fehlt mir. Grundsätzlich muß jede Feuerwaffe beim Zoll gemeldet werden. Wer's nicht macht, kann ins Kittchen wandern. Der Spionageverdacht besteht immer bei unangemeldetem Waffenbesitz, insbesonders wenn Funk an Bord ist! Sinnvoller als ›Wehrtechnik‹ erscheint mir die Auswahl der Fahrtroute und der richtigen Ankerplätze. Nur ein Beispiel. Die französische Yacht ›Carlina‹ ankerte in einer einsamen Bucht in St. Vincent. Bordfrau Isabelle sonnte sich an Deck wie Gott sie schuf. Dabei schauten einige Einheimische zu. Als der Ehemann Claude während eines Einkaufs im nahen Dorf seine Isabelle allein an Bord zurückließ, schwammen zwei Einheimische zum Ankerplatz und belästigten Isabelle.

Bis heute ist ungeklärt, was tatsächlich vorfiel. Am Tatort zurück blieben eine schwerverletzte Isabelle, ein nach seiner Rückkehr erschlagener Ehemann und zwei unauffindbare Jugendliche.

Es gibt noch weitere Vorfälle dieser Art in den Grenadinen, aber sie liegen sieben und mehr Jahre zurück. Mit Tausenden von Touristen sind diese Inseln keinesfalls Brutstätten der Kriminalität. Eine deutsche Großstadt ist zu nachtschlafender Zeit sicher gefährlicher, nur daran haben wir uns gewöhnt.

Selbstverständlich liegt auch mir die Sicherheit meiner Familie am Herzen, deshalb verzichte ich auf die ganz abgeschiedenen Ankerplätze und ankere dort, wo zumindest noch ein anderer Fahrtensegler vor Anker liegt.

Behandelt man die Eingeborenen mit Takt und Anstand, wird man nirgendwo auf den Karibischen Inseln auf Aggressionen stoßen. Die meisten Einheimischen sind äußerst gutmütige Leute, auch in der als gefährlich verschrieenen Cumberlandbay auf St. Vincent. Dort benutzte vor Jahren ein amerikanischer Rauschgifthändler sein Segelboot als Verkaufsbasis für Kokain. Er trat damit in Konkurrenz zu den örtlichen Rauschgifthändlern. Der Ami zog den kürzeren!

Gefahr droht auch von kleinen Dealern, die auf Privatyachten mitreisen. Oft genug wurden gutmütige Yachties von solchen Typen bedroht und zu Schmuggelfahrten gezwungen. Bei uns vermutete der Zoll in Martinique auch Rauschgift an Bord. Eines schönen Mittags kamen zwei Fahndungsspezialisten mit dem großen Werkzeugkoffer und durchsuchten unser Schiff drei Stunden lang. Schließlich lösten sie die Wanten und stemmten die hohlen hölzernen Masten einige Zentimeter an. Fehlanzeige auf der ganzen Linie.

Bei einem portugiesischen Sherry erzählten mir die beiden ›Sheriffs‹ dann einige Wochen später den Grund für den unerwarteten Besuch. Ich war für eine Buchproduktion quer durch Kolumbien gereist und dann in die Karibik zum Boot zurückgeflogen. Da lag der Verdacht eines Rauschgiftdelikts nahe. Schließlich gilt Kolumbien als Zentrum des amerikanischen Rauschgiftschmuggels.


## DIE BORDKASSE: EIN LEIDIGES PROBLEM

Ralf und seine Angelika leben mit 600 Mark im Monat frisch und munter auf ihrer Vito II. Nicht erst seit ein paar Wochen, sondern seit fast fünf Jahren. »Vor zwei Jahren reichten uns noch 500 Mark, heute kosten Farben und Ersatzteile deutlich mehr, deshalb ist unser Bord-Etat in die Höhe gegangen.« Ralf war zwanzig Jahre seines Lebens Produktmanager bei einem großen deutschen

Chemiekonzern, dann hatte er die Karriere satt. Jetzt lebt er vom Mietüberschuß seiner untervermieteten Wohnung.

Theo ist Jurist und hat als Konkursverwalter vor zehn Jahren preiswert die Nutzungsrechte eines pleitegegangenen Supermarkt-Grundstücks erstanden und wieder untervermietet. Seit acht Jahren sind Theo und seine Gundi auf dem großen Trip: »Mit 1000 bis 1500 Mark läßt es sich überall bestens auf dem eigenen Kahn leben.«

Sofern man alle Reparaturen und Überholungsarbeiten selber machen kann, möchte ich Theo recht geben. Aber auch Ralf ist mit seinen 600 Mark ein glücklicher Langzeitsegler: »Wir bleiben oft monatelang an preiswerten Ankerplätzen, wie in den Lagunen von Faro/Portugal, wo es unzählige Meerestiere gibt.«

In der Karibik holte sich Ralf regelmäßig Hummer aus 25 Meter Tiefe hoch und verscherbelte sie an Charteryachten. Das Stück für 20 Mark. Die Vito II-Besatzung lebt von dem, was das Meer und der einheimische Markt bieten. Ralf: »Wir richten unsere Routen auch nach preiswerten Slipanlagen aus. Motort wird nur bei Hafeneinfahrten, sonst segeln wir eben ein paar Tage länger.«

Theo möchte jede Woche mindestens ein bis zwei Mal essen gehn, das geht in der Karibik ins Geld: »Unter 50 Mark bekommt man in Martinique oder St. Lucia kaum eine Mahlzeit, die in Deutschland 12 Mark kostet. Die Nebenkosten zehren am Etat, nicht die großen Entfernungen, die wir mit unserer Malö 50 zurücklegen.«

Die Schiffsgröße spielt wohl die wichtigste Rolle. Einmal aufslippen für einen neuen jährlichen Unterwasser-Anstrich kostet auf den Kanarischen Inseln etwa 1000 Mark für ein zehn Meter langes Boot. Ein 19 Meter langes Charterschiff bezahlt dafür 2800 Mark.

Für 350 Mark kann eine 10-Meter-Yacht zweimal mit Hart-Antifouling-Farbe selbst angestrichen werden. Das wesentlich breitere 19-Meter-Schiff braucht für gut 2000 Mark Antibewuchsfarbe.

Ein Satz Segel kostet zum Beispiel bei meinem 12-Meter-Boot 4000 Mark, bei einer 19-Meter-Yacht muß der Skipper nach fünf Jahren etwa 25 000 Mark für die 300 m² großen Segel ausgeben.

Und die Liegeplatzgebühren: In der Marina von Martinique müssen für ein 10-Meter-Boot 12 Mark Liegeplatzgebühren je Tag entrichtet werden, das 19-Meter-Schiff kostet 36 Mark.

Tatsächlich kann eine vierköpfige Seglerfamilie mit 1500 Mark im Monat gut im Mittelmeer leben, sofern nur kleinere Ersatzteilkosten anfallen. Beim materialfordernden zweifachen Atlantik-Trip geht für mindestens 5000 Mark Segelzubehör drauf.

Die Lebensmittelpreise sind in der Karibik um gut 30 Prozent höher als in Deutschland. Essen und Trinken kostet im Restaurant rund 100 Prozent mehr. Bei einer neunmonatigen Fahrt von Deutschland über die Kanarischen Inseln zu den karibischen Inseln und zurück an die Ostsee sollte ein Seglerehepaar mit bescheidenen Ansprüchen und einem tipptopp gepflegten 10-Meter-Boot mit etwa 15 000 Mark rechnen. Mit 20 000 Mark können Landausflüge und einige Restaurantbesuche in den neun Monaten finanziert werden.

Preiswerter sind Mitfahrgelegenheiten auf Charteryachten, die regelmäßig im November und im April den Atlantik überqueren. Für 2000 Mark bekommt man die einfache Fahrt angeboten. Bei der Rückfahrt über die Bermudas und Azoren im Frühling wird die Reise preiswerter. Für einen Tausender kann jeder sportbegeisterte Segler wieder zurück nach Deutschland fahren. Problematisch ist für Segeltramps der Aufenthalt in der Karibik. Eine schäbige Hütte in Bequia kostet 300 Mark im Monat. Selbsteingekauftes Essen schlägt mit runden 400 Mark monatlich zu

Buch. Segler mit eigenem Boot können preiswerter in Martinique oder auf den British Virgin Islands einkaufen. Dort sind die Mietpreise für ein einfaches Zimmer aber um 50 Prozent höher als in den Grenadinen.

Von Sonne, Meer und Kokosnüssen lebt es sich in der Karibik nicht allein. Grundnahrungsmittel sind eindeutig kostspieliger als zum Beispiel auf Sizilien oder einigen griechischen Inseln. Das Traumrevier Karibik ist leider kein billiges Paradies mehr. Dafür haben Tausende von sonnenhungrigen amerikanischen und europäischen Touristen gesorgt.

JOB-HOPPER:
GELD VERDIENEN AUF DEN INSELN

Amerikanische Charterboot-Gesellschaften haben die Vorteile der Steuergesetzgebung auf den karibischen Kleinstaaten als erste erkannt. Jeder kann legal sein Boot verchartern, wenn anschließend das Ausland angelaufen wird. Von St. Lucias Marigot Bay bis ins Ausland nach St. Vincent oder Martinique vergehen keine vier Stunden gemütlicher Fahrt, eine zumutbare Entfernung für frischgebackene Charterboot-Neulinge.

Für die Vercharterung bezahlt der Bootsbesitzer eine pauschale Minimalsteuer am Zollhaus von etwa 12 Mark, die auf die sonst üblichen Ein- und Ausklarierungssätze von etwa 15 Mark aufgeschlagen werden. Im Gegensatz zur Genfer Konvention ist eine legale Vercharterung also möglich und wird sogar von einigen Inselstaaten gefördert. Schließlich kommt durch die Bootstouristen eine Menge Geld ins Land.

In Europa gilt die Vercharterung von ausländischen Yachten als illegal und wird — sofern man erwischt wird —

mit einer saftigen Geldstrafe belegt. Im Wiederholungsfall kann das Schiff auch beschlagnahmt werden.

Ganz andere, liberalere Verhältnisse also auf den Karibischen Inseln.

Das hat zu einem Charterboot-Boom geführt, der die Verdienstmöglichkeiten von privaten Bootseignern stark erschwert hat. Nur ganz wenige Langzeitsegler werden genügend Geld für einen jahrelangen Karibik-Aufenthalt durch Charterbootkunden verdienen können. Besser dran sind gelernte Mechaniker, Segelmacher oder Elektriker. Sie erhalten oft genügend Aufträge von anderen Bootseignern und verdienen sich einen guten Lebensunterhalt in Beguia oder San Juan/American Virgin Islands. Es sind die Ausnahmen, nicht die Regel.

Ein paar Beispiele: Mein Freund Max wurde in St. Lucia in die nächste Condor-Maschine gesteckt, weil er Surfbretter an Touristen vermietete. Klaus saß drei Tage im Bau, weil er mit einem Mietwagen mehrfach Touristen anmachte und sie zu Inselrundfahrten auf St. Vincent animierte. Dann mußte er das Land innerhalb von 24 Stunden verlassen.

Sobald die Einheimischen eine Verdienstquelle bei Ausländern entdecken, greift die Polizei rigoros ein. Nur mit viel Gespür für Marktlücken läßt es sich auf den Inseln aushalten. Egon fuhr zweimal mit seinem Kümo von Tanger nach Antigua und den Grenadinen und verhökerte preiswerte Quarzuhren und Casettenrekorder an die Inselbewohner. Dafür bekam er den vorzüglichen Rum im Tausch, den er wieder in Marokko unter der Hand verkaufte.

Heute ist dieses Geschäft längst passé. Egon sitzt im Loch, weil er eine Ladung Rum in Casablanca durch den Zoll schmuggeln wollte. Sein Schiff ist beschlagnahmt.

Der Bootsklatsch auf den schönen Ankerplätzen ersetzt die Boulevard-Zeitung. Mit dem Ham Radio werden die

60

neuesten Meldungen weltweit verbreitet. Der gute Tip von gestern ist heute schon ein alter Hut.


## HALB SO SCHLIMM:
## NAVIGATION IN RIFFGEWÄSSERN

Ostsee- und Mittelmeersegler müssen sich in der Karibik umstellen. Nur ganz wenige Leuchtfeuer und Begrenzungs-Tonnen werden ihm den Weg durch die Riffe zeigen. Deshalb verbieten Charterboot-Agenturen ihrer Kundschaft grundsätzlich das Segeln bei Ncht.

Das ist gut so. Nicht auf hoher See wird's gefährlich, sondern im Küstenbereich. Deshalb muß sich jeder Segler wieder auf seinen gesunden Menschenverstand verlassen und mit den Augen navigieren. Ein paar Beispiele: Die berühmte Viermastbark ›Sea Cloud‹ rammte mit ihrem erfahrenen Kapitän am Steuer die Leuchttonne an der Einfahrt von Beguia. Dutzende Male war das schöne Vollschiff dort glatt passiert. Diesmal war die Leuchttonne durch einen Sturm abgetrieben worden.

Auch Weltumsegler Peter Kammler setzte seinen neuen Schoner Manu Kea II bei Martinique auf Grund. Eine Untiefe war in der Seekarte falsch verzeichnet. Die Genauigkeit der meisten Seekarten beruht auf Angaben, die teilweise schon Jahrzehnte zurückliegen. Deshalb sollte nur nach den neu vermessenen IMROY-Karten navigiert werden. Aber auch diese sehr guten Seekarten sind nicht ganz fehlerfrei. Canouan Islands Einfahrtrinne hat sich nach einem Hurrikan verändert. Die Sandbank wanderte mehr in Richtung Land. Problematisch sind die kleineren Riffs an der Leeseite der Inseln. Nur zu gern möchte der Segler direkt in die Ankerbucht einfahren. Er schneidet die Kurve und bleibt am Riff vor der Einfahrt hängen. Je höher der

Standpunkt, desto leichter sieht der Skipper Riffe und Sandbänke. Deshalb das Vorsegel bergen und ganz langsam mit laufender Maschine in die Bucht einfahren! Uschi oder unsere Nina steuern, während ich möglichst hoch auf der Großfallwinsch am Mast stehe. Noch bessere Ausblikke ermöglichen natürlich Mastsprossen.

Bei ganz schwierigen Einfahrten nehme ich das Beiboot vom Haken und fahre die Bucht mit dem Handlot ab. Uschi wartet derweil beigedreht, bis ich zur Yacht zurückfahre, vor der Bucht. Dann binde ich das Beiboot parallel zur Yacht fest und wir fahren gemeinsam zum Ankerplatz.

Ein kleines, batteriebetriebenes Echolot werde ich bei der nächsten West-Indien-Fahrt im Beiboot montiert haben. Es zeigt mir viel präziser und schneller als das Handlot die jeweilige Wassertiefe an.

Ganz schlecht ist das Hinterherfahren von vorausfahrenden Yachten. Ich sah in den Tobago Cays drei Charterboote stranden, weil der ›Leithammel‹ mit Full speed ein überspültes Riff rammte. 22 Stunden später war die Yacht wieder frei. Die Pechvögel verzichteten auf die Hilfe anderer Segler, die die Komödie mit ansehen durften. Die Angst vor hohen Regressansprüchen ist bei Fahrtenseglern unbegründet. Man sagt ganz einfach: »Ich spendiere Dir eine Flasche Rum, wenn Du mich mit Deinem starken Beiboot wieder vom Riff herunterziehst.« Selbstverständlich helfen auch einheimische Fischer, aber dann muß der Preis vorher ausgehandelt werden. Ich halte 100 Mark als das äußerste für ein Bergemanöver, das eine halbe Stunde dauern mag. In der Regel sind ein paar Konservendosen und ein Buch zusammen mit einem netten Lächeln bessere Voraussetzungen für eine sichere Abbergung. Das hört sich alles dramatisch an. Bei 23 Grad Wassertemperatur verliert allerdings eine kleine Strandung schon den Schrekken.

Haariger ist die Situation bei Nacht, da kann das Schiff

schon verloren gehen. Ein Echolot bewahrt einen nicht vor der Strandung, denn Riffe steigen unvermutet auch aus vierzig Meter Wassertiefe hoch. Nützlich ist das Echolot zum Bemessen der Ankerkette. Ich arbeite prinzipiell mit mindestens 50 Meter Kette und einem zweiten Anker, der mit 10 Meter Kette und 70 Meter Ankertau bestückt ist. Man schläft besser unter zwei Ankern. Nichts ist beruhigender als solides Ankergeschirr und eine vernünftige elektrische oder hydraulische Ankerwinsch. Unsere manuelle Simpson Lawrence SL 555 Ankerwinsch mußte ich schon nach vier Jahren gegen eine wesentlich robustere Goijot-Winsch vertauschen. Unterschiedliche Materialien hatten zu starkem Elektrolyse-Befall geführt. Da jeden Tag geankert werden muß, ist ein gutes Ankergeschirr mit einem CQR- oder Danforth-Anker die beste Schiffsversicherung. Einen großen zusammenklappbaren deutschen Stockanker führe ich als Ersatz in der Bilge mit.

## HURRIKANE: RETTE SICH WER KANN

»Jahrzehntelang gab es keinen Hurrikan, dann überrollte Hurrikan ›ALLEN‹ alles, was ihm in die Quere kam. Fünfzig schutzsuchende Yachten strandeten im ›Hurrikansicheren‹ Schlupfloch in Bequia. Zwölf Yachten sanken, es gab 15 Tote und Hunderte von Verletzten.« Jim, der Hotelmanager, fühlt sich in seinem Hurrikan-Hole in der Marigot Bay sicher. Seit 18 Jahren gab es keinen Wirbelsturm auf St. Lucia. Vier Wochen später fliegt das ganze Hoteldach davon. Der Schaden beträgt einige zehntausend Mark, dabei hat ein kleiner Hurrikanausläufer das Hotel nur gestreift.

Jedes Jahr ziehen zwischen Juni und November rund zehn Wirbelstürme über die Karibischen Inseln. Nur ganz wenige kommen in die Schlagzeilen der hiesigen Presse. Es muß schon hunderte von Toten und Schäden in Millionenhöhe geben, bis aus der Kurzmeldung eine Schlagzeile mit Aufmacher-Story wird.

Für uns Segler bedeutet jeder Hurrikan eine tödliche Gefahr. Denn bei zehn Windstärken fängt das Überleben an. Was passiert aber bei doppelt so starkem Sturm? Ein Pilot der AIR MARTINIQUE: »180 Knoten Windgeschwindigkeit wurden auf dem Flughafen von St. Lucia gemessen. Privatflugzeuge wurden in die Luft geschleudert, fünf Meter breite Betonklötze rutschten meterweit über den Kai, die ganze Insel bewegte sich.« Nur ganz wenige Menschen haben das Zentrum eines schweren Hurrikans gesehen und überlebt. Jim Croward mit seiner Stahlyacht ›Tirona‹ wurde Augenzeuge: »Unsere Yacht wurde von einer gewaltigen, haushohen Monsterwelle vor der Rodney Bay angehoben und dreißig Meter weit aufs flache Ufer gespült. Wir hatten fünf Anker und einige hundert Meter Kette und Leinen verspannt, sie rissen wie Violinsaiten. Wir waren an Land geflüchtet. Die zwei Ankerketten sägten sich zentimeterweise durch das Teakdeck, dann brach der Bugkorb und wir sahen unser 22 Tonnen schweres Schiff an Land schleudern, es traf mich bis ins Innerste.«

Ich erlebte einen schweren Sturm vor Norwegen, der vier Tage dauerte. Im Vergleich zu einem Hurrikan sind diese Stürme leichte Winde, obwohl zahlreiche Küstenfrachter strandeten. An Land starben in England 16 Menschen durch umgestürzte Telegraphenmasten und abgedeckte Dächer. Dabei wehte es ›nur‹ mit 85 Knoten. Als 1979 16 Segler beim Fasnet-Rennen vor Englands Küste starben, zeigten die Instrumente ›nur‹ 10 Windstärken an. Zehn Windstärken in Küstennähe sind viel schlimmer als 12 Windstärken auf offener See.

Einige bekannte Langstreckensegler befanden sich beim tragischen Fasnet-Unglück nur wenige Dutzend Seemeilen vom Regattafeld entfernt. Niemand kam zu Schaden: »Wir ließen unsere Yacht beigedreht treiben und lasen in der Koje,« berichtete ein deutscher Weltumsegler. Trotz vieler theoretischer Überlegungen können schwere Stürme kaum miteinander verglichen werden. Auf hoher See sind 10 Windstärken von einer guten Yacht noch auszusteuern, im flachen Riffgebiet der Bermuda Islands können zehn Windstärken unter Golfstromeinfluß tödlich sein. Einer der bekanntesten Yachtkonstrukteure, Angus Primerose, kam so mit seiner selbstkonstruierten hochseetüchtigen Rennyacht ums Leben.

Ein Hurrikan ist unvergleichlich schlimmer. Die Windgeschwindigkeiten wechseln in Minuten zwischen fünf und gut 16 Beaufort. Und das aus unterschiedlichsten Richtungen. In vielen Büchern wird auf die vorauszuberechnenden Windrichtungen verwiesen. Leute, die einen oder mehrere Hurrikane selbst erlebt haben, lachen über solche Prognosen. Ein Hurrikan hat eine wahrscheinliche Zugrichtung, die entlang der Karibischen Inseln in den Golf von Mexiko oder nach Florida führt. Andere Hurrikane sind zu den Bermudas gewandert und lösten sich erst kurz vor den Azoren auf. Die deutsche ›Pamir‹ sank in solch einem Hurrikan-Ausläufer. Auch das Containerschiff ›München‹ ging in einem Hurrikan-Ausläufer mit 49 Mann unter.

Was kann ein Langstreckensegler da noch tun? Wichtigste Grundregel: Hurrikan-gefährdete Gebiete meiden. Das würde bedeuten, daß sich von Mai bis November keine Yacht in der Karibik aufhalten dürfte. Tatsächlich segeln dort tausende private und kommerzielle Charterboote, als gebe es keine Hurrikan-Saison.

Hurrikane entwickeln sich erst bei Wassertemperaturen von über 27 Grad. Man kann das Entstehen schon Tage vor dem ersten Ausbruch im Radio verfolgen. Dann werden zumindest stündliche Warnungen durchgegeben. Es bleibt mindestens einen Tag Zeit, sich einen Schlupfwinkel auszusuchen. Im Anhang des Buches sind Skizzen von bewährten Hurrikan-Holes aufgezeichnet. Sie bieten eine gewisse Sicherheit, mehr nicht. Innerhalb von wenigen Stunden sind sie mit Yachten und Fischerbooten, aber auch mit Kreuzfahrtschiffen vollgepropft. Von diesen größeren Schiffen droht fast mehr Gefahr, denn sie geraten regelmäßig ins Treiben. Ich würde deshalb, sofern mir die Zeit dazu reicht, nicht mehr eine weite Bucht wie Bequia's Elizabeth Bay aussuchen, sondern mich in einem kleinen, Mangrovenumsäumten Hurrikan-Hole verkrümeln. Dort würde ich, nachdem alles vorüber ist, mein Boot in den Mangrovenwäldern wiederfinden, aber es müßte leidlich intakt sein. Flucht aufs offene Meer? Nicht mit einer kleinen Yacht, sofern ich genügend Zeit für einen Inselunterschlupf finden könnte. An Bord bleiben oder sich an Land retten? Ich würde an Bord bleiben, weil die Gefahr, von weggewehten Blechdächern, ganzen Holzfassaden und Telephonmasten getroffen zu werden, an Land größer ist als an Bord der Yacht. Die meisten Hurrikan-Opfer sterben an Land durch herabstürzende Gebäudeteile.

Ganz nüchtern betrachtet ist die Hurrikan-Gefahr für die Inseln unterhalb der American Virgin Islands bis zu den Grenadinen relativ gering. Als ›Allen‹ über die Bucht von Beguia fegte, war es der erste schwere Hurrikan seit 47 Jahren! St. Lucia hat nur zwei Wirbelstürme in den letzten 18 Jahren erlebt, während Porto Rico oder Jamaica jedes Jahr mindestens zwei Hurrikane überstehen müssen.


DIE IDEALE FAHRTENYACHT . . .

gibt es nicht. Neptun sei Dank, so bleiben die Träume erhalten. Der Amerikaner Hugo Vihlen war mit seinem 1,82

66

Meter (ein Meter zweiundachzig!) langen ›April Fool‹ Kajütboot zufrieden. 1968 segelte er von Casablanca los und erreichte die amerikanische Ostküste bei Miami nach 84 einsamen Tagen. Er bestieg nie wieder ein Boot. In Gegenrichtung segelte der englische Ex-Rennfahrer Bill Dunlop 1982 in 76 Tagen, 16 Stunden und 20 Minuten von Portland/USA nach Falmouth/England. Seine ›Wind's Will‹ maß übers Deck 2,74 Meter. Gerry Spiess segelte mit seinem 3,05 Meter kurzen ›Yankee Girl‹ 1979 über den Atlantik und 1981 von Long Beach/Kalifornien in 105 Tagen nach Sydney/Australien. Auch das ist ein Rekord. Shane Acton umsegelte mit dem kleinsten, nur 5,60 Meter langen Sperrholz-Kielboot die Welt. (Sein Buch erschien im PIETSCH-Verlag.) Eine unglaubliche Leistung. Hut ab vor solchen Rekordleistungen. Wir segelten mit einem 7,60 m Kielboot nach Spitzbergen. Never again! Es war zum Kotzen – mit Verlaub. Wider Erwarten kamen wir in die Ostsee zurück. Wir hatten Glück, mehr nicht.

Meine nautischen Kenntnisse waren mangelhaft, aber Neptun stand uns bei. Eine zweite Langfahrt sollte über Portugal, Madeira in die Karibik gehen. Was für ein Glück, daß nur das Ruder brach, es hätte schlimmer kommen können. 7-Meer-Kajütkreuzer werden für Küstengewässer gebaut, wer damit den Atlantik überqueren will, hat schlechte Karten.

In den Lausbubenjahren spielt das Risiko keine Rolle, wenn man an das Unternehmen glaubt. Mit ganz wenig Geld und nur acht Meter langen skandinavischen Küstenkreuzern segelte vergangenes Jahr eine zwanzig Mann starke schwedische Gruppe in die Karibik und zurück. Vier gaben auf, der Rest kam an. Am Ende der ersten Atlantiküberquerung sprach ich mit Kjelk Söderström, dem Anführer der Gruppe: »Acht Meter ist schon die unterste Grenze. Der Wellengang macht enorm zu schaffen, und ein Gegenankreuzen ist ab fünf Windstärken kaum mehr möglich.« Das Gemeinschaftserlebnis hat die Gruppe zusammengeschweißt. Nirgends wurde mehr gefeiert als bei diesen Schülern und Studenten, die sich mit 500 Mark im Monat ein phantastisches Abenteuer geleistet haben.

Zu zweit ist ein 8-Meter-Boot von einer selbstbewußten, seetüchtigen Mannschaft für den südlichen Atlantik bedingt geeignet. Vier Mann könnten theoretisch auch an Bord sein, 400 Liter Wasser, 150 kg Konserven und die anderen Nahrungsmittel drücken jedoch das kleine Boot weit unter die Wasserlinie. Dadurch wird das Schiff erheblich langsamer, die Überquerungszeit steigt an. 30 bis 35 Tage wird die Überquerung dauern. Die persönlichen Spannungen werden die Mannschaft auseinanderreißen. Zurück bleibt der große Frust. Dennoch werden immer wieder solche Fahrten durchgeführt. Solosegler sind mit eingedeckten ›Rennjollen‹ bei der ›Minitransat‹ unterwegs. Für Fahrtensegler sind das völlig unbrauchbare Leichtbau-Regattaboote, die auf jeden Komfort verzichten.

Schon mit einem acht bis neun Meter langen Kielboot lassen sich lange Ozeanfahrten mit zwei Mann recht komfortabel bewältigen. Mit vier Personen an Bord wird es vermutlich Streit geben. Eine zehn bis elf Meter lange Fahrtenyacht gilt unter Experten als fast ideale Bootsgröße für eine zwei- bis vierköpfige Crew.

Die Unterteilung in zwei Räume bietet genügend Intimsphäre. Vorräte für monatelange Reisen lassen sich fast problemlos verstauen, sofern mit System gearbeitet wird.

Unser Boot ist 11,60 m lang und hat sich im Laufe der letzten fünf Jahre gut bewährt. Die Seebewegungen lassen auch ein Brotbacken bei sieben echten Windstärken zu, sofern abgelaufen wird.

Mit einem 8-Meter-Boot ist das nur von ganz wenigen Seglern zu schaffen. Mit einem sieben Meter langen Kleinkreuzer liegt die ganze Besatzung bei sieben Windstärken nur noch auf dem Kajütboden und knabbert harte Kekse. Ein geregeltes Bordleben ist nicht mehr möglich.

Weshalb wir nur zu 90 Prozent mit unserem Schiff zufrieden sind, liegt am wesentlich höheren Arbeitsaufwand und den entsprechend höheren Kosten, die ein Boot über 10 Meter stellt. Ein etwas kleineres Boot würde die Bordkasse weniger belasten. Bei vielen Langstreckenseglern gilt deshalb zu Recht: Keep it small and simple. »Halte dein Schiff klein und einfach.«

Zum Glück gibt es in der 9- bis 11-Meter-Klasse viele Gebrauchtboote, die sich für Blauwasserfahrten vorzüglich eignen. Skandinavische Seekreuzer mit älteren Rissen, z. B. Folkeboot-Stil, sind mit ihrem langen, durchgezogenen Kiel angenehm im Seegang und leicht von einer kleinen Crew zu bedienen. Die Schiffsbewegungen sind weniger ruckartig als bei den schnelleren, breiteren ›Rennziegen‹. Ich tendiere zu klassischen Yachtrissen, weil sie dem Auge gut tun und mich eine derartige Yacht zwar etwas langsamer, aber bestimmt magenfreundlicher übers Meer transportiert. Je weiter die Reiseziele entfernt sind, desto mehr wird dieser zugegeben subjektive Eindrucke untermauert. Die meisten Langzeitsegler denken ähnlich.

Moderne, vorbalancierte Yachten mit getrennter Kiel-Ruderanordnung sind im neuwertigen Zustand ozeantauglich. Mit einigen tausend Seemeilen am Log zeigen sich bei den schwächer dimensionierten Masten und der Verstagung Ermüdungserscheinungen. Bei unserer Ankuft in Martinique lagen sieben Yachten mit gebrochenem Mast vor Anker. Alle waren neuwertige Großserienboote von neun bis zwölf Meter Länge, die ein flexibles Alurigg hatten. Mir fehlt das Vertrauen zu extrem leicht gebauten ›Mittelmeer‹-Lustyachten. Ganz sicher verzeiht eine gesunde Langkielyacht mehr als eine supermoderne, aus einem Rennrumpf entwickelte Großserienyacht.

Ich würde mir heute eine gute gebrauchte Stahlyacht

von 9,50 bis 10 Meter kaufen und sie zweckmäßig ausrüsten. So wenig Elektronik wie möglich, dafür sehr gute Schwerwetter- und Leichtwetter-Segel, ein gutes Beiboot und nur Zubehör, das ich selbst warten kann.

Das eingesparte Geld würde ich in mehr Landausflüge und eine längere Reisedauer investieren.

**Trimaran gefällig?**

In der Karibik kann ein Mehrrumpfboot ideal sein. Bei fast gleichmäßigen, frischen Windverhältnissen segeln gute Trimarane einfach begeisternd. Für richtig schweres Wetter sind die wenigsten gebaut, aber wer einen Kat oder Tri hat, steigt fast nie wieder auf eine normale Yacht um – das sagt wohl alles.

Mehrrumpfsegler sind eine verschworene Gesellschaft. Die Kameradschaft verbindet sie gegen die Aversionen vieler Einrumpf-Segler. Im stetigen Passat, überschaubarem Seegebiet und mit präzisen Wettervorhersagen versorgt, sind die flachgehenden, schnellen Mehrrumpfboote einem Einrumpfboot überlegen. Bei gutem Wetter bieten sie ein Optimum an Segelspaß.

Behandelt man sie als Sportgeräte und verzichtet auf ›unmögliche‹ Passagen bei widrigen Verhältnissen, sind Mehrrumpfboote sichere Schiffe.

Für eine Weltumseglung erscheint mir eine Kielyacht immer noch als die sicherste Lösung, obwohl es einige sehr erfolgreiche solcher Fahrten mit Mehrrumpfbooten gibt. Das Gros der Langstreckensegler wählt immer noch eine normale Yacht. Die Begeisterung für Mehrrumpfboote hat aber auch deutlich unter Langstreckenseglern zugenommen.

## Inneneinrichtung: Zweckmäßigkeit über alles

Einen allgemeingültigen Einrichtungsplan gibt es nicht. Die persönlichen Bedürfnisse sind zu verschieden. Auf einige wichtige Kriterien kommt man zwangsläufig, wenn man neben der eigenen Yacht ein paar unterschiedlich große Charterboote fährt.

Eine seefeste Koje für jeden an Bord geht über alles. Auf See muß sie ca. 70 cm schmal sein, vor Anker ist ein Meter die unterste Grenze an Komfort. Langfristig gesehen kann durch eine schlecht konstruierte Koje die Segelei erheblich vermiest werden. Ausreichend Knieraum muß zum Beispiel in der Hundekoje sein. Die V-förmigen Vorschiffskojen sollten auch in Querrichtung beschlafbar sein. Segelt der Kahn hoch am Wind, sind diese Vorschiffskojen sonst nicht benutzbar.

Stetiges, hartes Rollen im Seegang unter Passatsegeln kann zu hemmungslosen Wutausbrüchen führen, nur weil man in der zu breiten oder auch zu schmalen Koje keinen Schlaf findet.

Das persönliche Klima an Bord ist weitestgehend von einer guten Pantry und der Koje abhängig. Starke Kojensegel oder auch ein Steckbrett stützen den müden Segler. Ein vernünftig großer Toilettenraum mit einfacher Duscheinrichtung ist viel mehr Wert als das schönste elektronische Navigationsgerät. Direkt beim Niedergang eingebaut, kann auch auf acht Meter langen Kleinkreuzern ein Toiletten- und Waschraum mit Stehhöhe installiert sein. Auf einen Kartentisch kann verzichtet werden, weil sich die tägliche Arbeit an der Karte auf maximal eine halbe Stunde reduziert. Dann reicht auch der Eßtisch. Einen guten Kartentisch hielt ich einmal für unumgänglich auf einer Fahrtenyacht. Inzwischen weiß ich, daß mir mein schöner Navigationstisch Platz für einen zweiten, größeren Hängeschrank raubt.

Sehr üppig ausgeführt sollte der Werkzeugschrank sein. Meine vier Schubladen sind zu klein, denn die Ersatzteile und das Werkzeug nehmen immer größere Ausmaße an. Ein wasserdichter, festgeschraubter Alukoffer beherbergt in der Achterpiek die teuren Ersatzteile.

Stauraum ist auf einer Fahrtenyacht also wichtiger als zu viele Kojen. Hier wird von der Industrie ständig ›gesündigt‹. Das Verkaufsargument ›viele Kojen für wenig Geld‹ blendet nur Anfänger. Kojen sind in der Herstellung viel weniger lohnintensiv als ein Schrank, also baut die Großserien-Yachtindustrie lieber mehr Kojen als Stauräume ein.

Bei kleineren, handwerklich orientierten Werften wird man zu fast gleichen Preisen eine gute, zweckmäßige Innenausstattung nach eigener Wahl bekommen. Auch alle Yachten aus Fernost bieten individuelle Inneneinrichtungen, meist sogar ohne Aufpreis, an.

Über 54 Prozent der Weltproduktion von Yachten über 10 Meter Länge kommt heute schon aus Asien. Nicht zu Unrecht. Der Innenausbau aus massivem Teak entspricht sehr guter Bootsschreinerqualität. Ein vergleichbar hochwertiger Ausbau wird nur von ganz wenigen deutschen und skandinavischen Werften zu meist beträchtlich höheren Preisen angeboten.

In der Wertbeständigkeit sind gute Fernost-Yachten den meisten englischen, französischen und deutschen Großserienyachten deutlich überlegen. Skandinavische Yachten von Swan, Halberg, Baltic oder Najad erzielen aber noch bessere Wertsteigerungen. Das kann auch von guten deutschen Yachten gesagt werden, die in kleineren Fachbetrieben gebaut werden. Qualität im Yachtbau ist nicht eine Frage der Größe der Werft, sondern der Fachleute, die hinter dem Projekt stehen.

## Fahrtensegler-Paradies Amerika

In Amerika bauen einige Werften ausgesprochen form-
schöne Blauwasser-Yachten, die sich an klassische Risse
anlehnen. Sicher sind die Polsterstoffe zu amerikanisch
bunt, aber das Konzept stimmt. Tausende von jüngeren
amerikanischen Familien leben für einige Jahre auf neun
bis 12 Meter langen Fahrtenyachten und bereisen ganz ge-
mächlich die Inland Waterways oder die Großen Seen.

Für diese Segler ist eine gemütliche, komfortable Yacht
viel preiswerter als ein Haus oder ein Wohnmobil. Die ›live aboard‹ Yachten werden jetzt auch in Europa nachge-
baut. Der Trend weg vom Pseudo-Regatta-Boot, hin zu
ozeantauglichen Fahrtenyachten kann uns Langzeitseglern
nur recht sein. Diese Yachten bieten mit ihrem langen Kiel
Raum für ein völlig autarkes Segeln und Wohnen über
Monate.

Auf den großen Bootsausstellungen sind nur ganz wenige Yachten ausgestellt, die langfahrttauglich sind. Für eine
zwei- bis dreiköpfige Crew müssen sich mindestens 500 Liter Wasser, 250 Liter Sprit, Nahrungsmittel für drei Monate ordentlich verstauen lassen. Schauen Sie sich daraufhin
einmal die Leichtbauschiffe an. Oft wird ein 100 Liter Ny-
lontank für eine neunköpfige Besatzung angeboten. Soviel
Wasser braucht diese Mannschaft in einer halben Woche,
wenn sie mit allem spart.

Nicht die schnieken ›Rennyachten‹ machen die großen
Reisen, sondern die oft hausbackenen, müden ›Dampfer‹,
die gebraucht zu reellen Preisen gehandelt werden. Keep
it simple!

# VIERTER TEIL

# Die Blauwasser-Yacht

## SUCHE TRAUMSCHIFF

Unser ›Traumschiff‹ war eine schwierige Geburt. Keine Liebe auf den ersten Blick. Zuviel Lehrgeld hatten wir für die letzten zwei Boote bezahlt. Für eine vierköpfige Familie waren sie mit sechs Meter und 7,60 m einfach zu klein.

Unser neues Schiff sollte 10 bis 12 Meter lang sein. Ein Genuß fürs Auge und seetüchtig wie ein Rettungskreuzer der Küstenwache. Freilich müßte das üppige Tankvolumen monatelange, einsame Kreuzfahrten zulassen. Ja, und natürlich dürfte die Yacht komplett segelfertig ausgerüstet maximal 100 000 Mark kosten. 1978 war das eine irrsinnige Menge Geld für uns.

Selbstverständlich fielen die ersten wohlwollenden Blicke auf eine finnische Swan 39. Ich rechne es dem deutschen Verkaufsrepräsentanten hoch an, daß er nach der aufwendigen Schiffsbesichtigung nur ganz dezent die rechte Augenbraue hochzog. Ich fragte nach dem Grundpreis: »Um eine halbe Million Mark,« gestand mir der freundliche Herr. Es traf mich bis ins Innerste. Wir sahen uns nie wieder. Ruhelos hetzten wir von einer Bootsschau zur anderen. Endlich hatten wir das Traumschiff auf der London Boat Show gefunden. Drei Wochen später war die Werft pleite.

Eine Bankauskunft hatte unser Geld gerade noch vor dem Konkursrichter bewahrt. Das muß wohl so sein. Auch Weltumsegler Bobby Schenk blieb als gelernter Jurist davor nicht verschont.

Alle zukünftigen Ferienreisen führten automatisch in Richtung Küste. Dort klapperten wir zahllose Werften ab. Eine Probefahrt folgte der anderen. Jedesmal entschuldigten die Werftbesitzer das gute Wetter: »Sie sehen ja selbst, wie angenehm unsere Yacht sich im Seegang verhält.« Es ›wehte‹ mit drei Windstärken, der Kahn dümpelte träge auf dem kaum von Wellen gekräuselten Isselsmeer. Natürlich hatte ich mehr die Magellan Straße und die Roaring Forties im Gehirn.

So ging das ein volles Jahr. Ein gütiger Chefredakteur sandte mich zum Jahresende nach Kalifornien. Dort sah ich dann unser Traumschiff. Weder überragend schön noch plump oder häßlich. Schiffig sah es aus, und die Leute an Bord des Spitzgatters freuten sich an gutem Raumschotwind und sechs Knoten am Walker Schlepplog.

Taub gegen alle Argumente gegen Yachten aus Taiwan gefiel mir diese Tayana 37 Ketsch. »Die können wir uns nie leisten«, sprach meine Uschi als vernünftiger Teil der Familie. Innerlich bohrte es in mir. Unter Aufbietung aller List und Tücke brachte ich sie zur Werftvertretung. »Ich möchte nur einen Prospekt holen.« Fünf Minuten später lotste der clevere Verkäufer uns schon durch den mannshohen Waschraum mit einer richtigen Dusche und vielen kleinen Lamellenschränken. Welch ein Luxus im Vergleich zu unseren bisherigen kleinen Kajütbooten. Meisterlich pries der Vertreter die Vorzüge seines Produkts an, und schließlich glitt ›unser‹ neues Boot aus dem Yachthafen von Sausalito hinaus, und viele Menschen schauten von der Golden Gate Brücke auf uns herunter. Was für ein Gefühl, dabei hatte ich nur eine Kreditkarte und 250 Dollar an Barem dabei.

Was solls. Vergessen waren die Roaring Forties, die Abendsonne von San Francisco war viel schöner fürs Gemüt. Es war eine meisterhafte Verführung. Eine Stunde später stand der Kaufvertrag.

Ausgeliefert werden sollte das Boot in Hamburg. Nach einem dreiviertel Jahr waren wir heilfroh, daß der Dollar auf 1,78 DM absackte und wir knapp am eigenen Konkurs vorbei unser Traumschiff in Marseille schließlich in Empfang nehmen konnten. Der regionale deutsche Werftvertreter war, − Sie ahnen es schon − pleite gegangen. Ein Bankakkreditiv hatte unsere Ersparnisse gerettet.


## DIE MINDESTAUSRÜSTUNG FÜR GROSSE FAHRT

Rekordfahrten über den Atlantik mit kleinsten Seekreuzern sind wenig erstrebenswert. Zum Essen mußte sich Hugo Vihlen in seiner Nußschale aus dem Luk zwängen, weil für die Ellenbogen kein Platz zum Hantieren mit Messer und Gabel da war. Das 1,82 m lange Kunststoffboot war mit Trockennahrung bis unter die Decke vollgepackt. Wertvollen Raum ›verschenkte‹ der Abenteurer durch wasserdichte Staukästen, die er mit Hartpolyurethan-Schaum versteifte. Die ›April Fool‹ war auch im vollgeschlagenen Zustand schwimmfähig und ließ sich auch noch segeln. Hugo Vihlen hat das vor der Presse demonstriert. Der Kleinstkreuzer war also wirklich unsinkbar.

Für mich fängt hier die Minimalausrüstung an. Ozeantaugliche Seekreuzer können serienmäßig bis etwa neun Meter ausgeschäumt werden. Die belgische Firma Etap (Typen 22, 25, 26) hat das als erste mit Erfolg praktiziert. In England gibt es die Sadler 26, die auch im gefluteten Zustand auf ihrer Wasserlinie schwimmt. Diese Yachten behalten ihre aufrechte Schwimmlage auch bei voller Besatzung.

In Deutschland verkaufte vor einigen Jahren eine Rosenheimer Firma ebenfalls ›unsinkbare‹ Kajütboote. Ich bestellte mir einen ›Traveller 21‹ und erlebte eine herbe Enttäuschung. Es war ein richtiger Praxistest. Ich pumpte das Boot voll mit Wasser. Das Heck sackte schon mit zwei Personen im Cockpit nach hinten weg. Nur der Bug ragte noch aus dem Wasser! Solche Boote können zwar nicht untergehen, aber sie sind im vollgeschlagenen Zustand nicht mehr segelfähig. Die Sadlers und Etaps sind also mit diesem Problem fertig geworden. Der Cockpitboden wurde ausgeschäumt. Eine nachträgliche Ausschäumung ist bei GFK Booten mit Innenschale leicht möglich. Bei einschaligen Typen würde ich Luftsäcke unter die Kojen montieren, die mit Preßluft aufgeblasen werden können. Bis zu 3 Tonnen Bootsgewicht oder neun Meter Länge kann ein Kunststoffboot unsinkbar gemacht werden. Bei unsinkbaren Seekreuzern kann auf eine Rettungsinsel verzichtet werden, sagt die französische Marine. Auf ein Beiboot kann allerdings niemand verzichten, der in die Karibik will. Hier bietet sich ein Schlauchboot mit Dach an, wie es Avon und Zodiac verkaufen. Ohne vernünftiges Ankergeschirr geht es auch nicht. Ich würde den Anker und die mindestens 35 Meter lange Kette in der Bilge lagern, dort sorgen sie für zusätzlichen Ballast und belasten das Vordeck weniger. Ein zweiter Anker mit Kettenvorläufer und 50 m Ankertau könnte zur Not im vorderen Ankerkasten bei Tagesfahrten zwischen den karibischen Inseln verstaut werden. Gut ist das nicht, denn alle größeren Gewichte sollten bei einem solch kleinen Boot im Schwerpunkt liegen. Elektrische Trinkwasser-Pumpen haben wenig Sinn auf Kleinkreuzern. Ausgießbare Kanister sorgen für mehr Sicherheit und genaue Dosierung.

Neben ein bis zwei Petroleumlampen würde ich eine Petromax und eine Coleman Lampe mitnehmen. Die Petromax brennt mit Petroleum, die Coleman mit normalem Tankstellen- oder Waschbenzin. Beide Systeme arbeiten mit Druckzylindern. Der Sprit wird vergast und dann gezündet. Die Lichtausbeute entspricht einer elektrischen 80 − 150 Watt-Birne. Die Zuverlässigkeit hängt vom Zustand des Brennstoffs ab. Bei mir zündet die Coleman Lampe im Cockpit seit Jahren problemlos. Beide Lampen ersetzen auch in kühleren Nächten eine Heizung, auf eine Lüftung darf allerdings nicht verzichtet werden, sonst entsteht Sauerstoffmangel in der Kajüte.

Ein ordentliches Mehrbereichs-UKW-, Mittel-, Lang- und Kurzwellen-Radio dient der Erholung und den Wetterberichten.

Leinen braucht jedes Boot. Eine sehr lange (ca. 50 − 150 m) 14-mm-Leine sollte neben vier Festmacherleinen an Bord sein. Wenn's hart auf hart kommt, braucht man sie fürs Freischleppen von einer Sandbank oder als ›hinterhergeschleppte Bucht‹ bei Sturm.

Innenbordmotor − ja oder nein. Ich würde zu einem kleinen, 6 − 9 PS starken Einzylinder Faryman-, Yanmar- oder Bukh-Dieselmotor raten. Mein Faryman startete auch bei grimmiger Kälte per Handstart. Auslaufsichere Batterien gibt es jetzt für den Elektrostart, nötig ist das erst bei den 28-PS-Modellen.

Recht gute Erfahrungen habe ich mit Außenbordmotoren gemacht, die in einem Schacht montiert waren. Es sind Langschaftausführungen mit einem schubstärkeren Propeller. Diese ›Segelboot‹-Außenborder sind inzwischen gut und auch bequem an Bord zu warten. Hundertprozentig zuverlässig wird kein zündabhängiger Zweitakt-Außenborder sein. Deshalb sind die zündunabhängigen Kleindiesel wartungsfreier und bei Nässe zuverlässiger.

Auch ein Schachtmotor dichtet nicht genügend vor Schlagwasser ab. Ein kleiner Diesel arbeitet auch noch halb unter Wasser.

Ein Sonnendach und ein Niedergangs-Cockpit ist bei kleinen Schiffen unbedingt notwendig.

Als Kocheinrichtung würde ich eine kardanisch aufgehängte Campinggasflasche mit aufgesetztem Brenner verwenden, obwohl das Explosionsrisiko damit nicht geringer ist als mit einer normal verlegten Gasleitung. Camping-Gasflaschen können überall in der Karibik ausgetauscht werden.

Die eingebaute Toilette ist ab einer Bootslänge von sieben Metern denkbar, aber ein abgetrenntes Vorschiff mit Chemieklosett ist im Notfall auch eine Lösung für stärker frequentierte Ankerplätze. Sonst wird einfach über Bord gepinkelt. Ideal ist das nicht, aber der durch die Toilette verschenkte Platz wird für Vorräte dringend benötigt.

Das Navigationsbesteck kann einfach sein. Es genügt ein preiswerter Freiberger-Yachtsextant oder ein Half-Size-Sextant von Tayama. Selbstverständlich ist ein Vollsichtsextant leichter zu bedienen, aber notwendig ist er nicht. Von Plastiksextanten rate ich ab. Ein Echolot mit eingebauter 9-Volt-Kastenbatterie ist kein Luxus. Ein Walker Schlepplog mit Ersatzimpeller und Schleppleine ist unumgänglich.

Dann noch zwei preiswerte Quarzuhren, und die Navigation steht. Die Segelausrüstung muß schon aus Platzgründen auf ein Minimum beschränkt bleiben. Eine Rollfock funktioniert bei den relativ kleinen Segelflächen gut. Ein zusätzlicher, leichtgewichtiger Booster verhilft bei leichten Winden zu besseren Etmalen. Auf ein Trysegel kann man verzichten, nicht aber auf drei Reffleinen am Großsegel. Eine Sturmfock beruhigt, aber gute Kleinkreuzer segeln auch mit weggerolltem Vorsegel einwandfrei mit stark gerefftem Groß. Mit dieser Minimalausrüstung segelten wir mit zwei Kindern von 4 und 9 Jahren mehrmals durchs Mittelmeer bis nach Casablanca und zurück.

Der Erlebniswert war mindestens so groß wie mit unserem jetzigen, fast doppelt so großen Boot.


## SCHWERWETTER-TAKTIK

»Je früher man in seinem Seglerleben auf einen Sturm trifft, desto besser ist es. Fortan wird man zufriedener und selbstbewußter die Erde umkreisen.« Eric Hiscocks Gedanken lassen mich nicht los, obwohl uns schon schwere Stürme im Weg standen. Von Selbstbewußtsein und Zufriedenheit kann zumindest bei mir keine Rede sein.

Stürme sind etwas Schreckliches, sie sind lebensbedrohend. Es gibt Segler, die hoffen auf einen baldigen Sturm, weil sie dann was erleben wollen. 2000 Seemeilen vor dem nächsten Landfall verstummen diese dummen Sprüche.

Es ist gut, wenn jede Besatzung sich eine Sturmtaktik vor Antritt der Fahrt überlegt. Es gibt für Langkieler bewährte Techniken, wie z. B. das Beidrehen unter stark gerefftem Großsegel. Das Ruder ist dabei auf der Gegenseite festgezurrt. Das Boot treibt leicht voraus, breitseits liegend vor den Wellen. Bis zehn Windstärken wird sich jedes Schiff mit langem Lateralplan gut beidrehen lassen. Bei mehr Wind und Seegang laufe ich unter nackten Masten ab.

Die Wellenhöhe ist dabei von entscheidender Bedeutung. Brechen beim Beidrehen die Wellen über dem Kajütaufbau, muß ich ablaufen, sonst ist die Leeseite des Aufbaus am stärksten gefährdet. Das Schiff wird regelrecht von grünen Wellen seitlich weggeworfen. Die Kraft, die hinter diesen Seebewegungen steht, ist schwer vorstellbar. Es sind tonnenschwere Wellenberge.

Beim Ablaufen gilt es, die Wellenbewegungen so abzuschätzen, daß sie unter dem Schiff durchlaufen. Bei gleichen oder noch schnelleren Vorwärtsbewegungen beginnt die Yacht zu surfen, sie prallt in das Wellental und überschlägt sich zur Seite oder nach vorn. Das kann den Mast und auch das Leben kosten. Deshalb muß die Geschwindigkeit unter allen Umständen reduziert werden! Treibanker in Form von Autoreifen oder alten Armeefallschirmen haben sich bei Mehrrumpfbooten und leichten kleineren Yachten mit geteiltem Lateralplan bewährt. Ein Rettungs-Beiboot braucht einen Treibanker.

Eine 12 Tonnen schwere Langkielyacht ist nach meinen Erfahrungen unter Treibanker eher gefährdet. Das Boot gibt dem Wellengang nicht mehr nach. Unkontrolliert einschlagende Wellen haben unser Cockpit unter Treibanker mehrfach gefüllt, weil die Yacht quer zur See lag. Nach wenigen Stunden reißt ohnehin jede Leine, die den Treibanker und das Schiff verbindet. Bei weniger Wind hat ein Treibanker allerdings schon seine Vorteile. Mit sieben Windstärken hält er unser Boot bequem mit dem Heck gegen die Wellen gerichtet, optimal zur durchlaufenden See. Bei mehr als acht Windstärken taugt unser Treibanker nichts mehr. Mir war es unmöglich, den nassen Kunststoff-Sack wieder einzuholen. Fallschirm-Treibanker gehören zur Standardausrüstung bei Mehrrumpfbooten. Sie bieten weniger Widerstand beim Schwojen um den Anker. Bei kleineren Booten hat sich auch eine ca. 100 m lange Leine bewährt, die in einer Bucht auf beide Heckklampen gefahren wird. Das Einholen dieser nassen Leine bereitet aber beträchtliche Schwierigkeiten.

Mit unserem früheren 7,60-m-Seekreuzer ritt ich einen beginnenden Sturm noch mit einer zwei m² großen Sturmfock ab. Das kleine Boot kam dabei beständig ins Surfen und ließ sich noch einwandfrei steuern. Bei etwa acht Beaufort bohrte sich die kleine Yacht kopfüber in ein Wellental und stolperte über den Vordersteven. Danach gab es keine Sturmfock mehr. Der gut verstagte Mast blieb zum

Glück in einem Stück.

Zum Beidrehen brachte ich die 2,3 Tonnen leichte Yacht nicht, weil ein gerefftes Großsegel mit gegengestellter Sturmfock viel zu viel Segelfläche gewesen wäre. Wir legten uns mit nacktem Mast bis zu 35 Grad zur Seite, wenn eine Welle durchlief. Da setzt kein normaler Mensch mehr Segel – obwohl einige Handbücher diese Taktik ihren Lesern zumuten! Eine andere Sturmtaktik praktizierte ein Kollege. Michael Bohrmann legte seinen unverstagten Freedom 25 Kleinkreuzer mit stark gerefftem Groß gegen die Wellen und entkam einem schweren Sturm vor der amerikanischen Küste unbeschadet.

Jedes Boot fordert ein anderes Sturmmanöver. Eine starke Mannschaft kann besser experimentieren als eine schwache Mannschaft mit einem relativ großen Boot. Bei jeder Aktion im Sturm muß der Mann am Ruder mehrfach festgezurrt sein. Herkömmliche Sicherheitsgurte sind nach wenigen Jahren auf See nur noch halb so stark wie neu. Seewasser, UV-Einstrahlung und die Nässe arbeiten am Material. Deshalb mindestens zweifach absichern.

Geradezu unglaublich viel Wasser kann durch Lüfter und nur millimeterbreit geöffnete Luken unter Druck hereinfließen. Ein aufgedrehter Feuerwehrschlauch spritzt nicht stärker als ein losgerissener Doradelüfter, der von einer massiven Welle überflutet wird.

Doppelte Niedergangsshots und Schlagblenden an den Bullaugen sind kein Luxus. Dazu eignet sich Makrolon-Kunststoffglas am besten. Es ist zäh, widerstandsfähig und läßt Licht durch. Denn nichts ist schlimmer als ein total dunkles, ›zugemauertes‹ Schiff. Unten in der Kajüte fragt sich der Rest der Mannschaft: »Was macht der Skipper am Ruder? Muß ich ihn ablösen?«

Viele Fragen, die im Sturm mörderisch an den Nerven zerren. Deshalb plädiere ich für lichtdurchlässige Schlagblenden.

Etwas Musik im Kopfhörer, ein schwaches, möglichst rotes elektrisches Licht in der Kajüte, da ist der Sturm nur noch halb so schlimm.

Langstreckensegler beobachten den ganzen Tag Wolken, Wind und Seegang. Die Selbststeueranlage registriert auch schwache Windveränderungen. Die Wellengeräusche schwellen an, das Rollen im Seegang wird stärker, die Teller im Schapp klirren etwas lauter. Alles Anzeichen für eine Wetterveränderung.

Nach wenigen Tagen auf See kann die Mannschaft nur anhand der Fahrtgeräusche bis auf einen halben Knoten genau die Geschwindigkeit beurteilen. Man hört auch in der dunklen Nacht, ob die Selbststeueranlage das Schiff zu hoch am Wind hält. Für viele Solosegler ist deshalb das Schiff ein lebendiges Wesen.

Ein Sturm kommt ganz sicher nicht aus heiterem Himmel. Vorzeichen dafür hat der Skipper schon Stunden vorher bemerkt. Dann heißt es rechtzeitig handeln. Während Uschi noch schnell einen saftigen Eintopf im Druckkochtopf zubereitet, räume ich mit den Kindern das Deck peinlich genau auf. Denn jedes nicht sorgfältig festgelaschte Seil kann zur Peitsche werden.

Der Sicherheits-Check beginnt beim ungemütlichen Vordeck. Eine Kontrolle des festgezurrten Ankers – der besser in der Bilge gehaltert wäre – ist genau so wichtig wie die Kontrolle der Schoten, Fallen und Schäkel. Besonderes Augenmerk richte ich auf die Rettungsinselhalterung, Seenotkanister und unser besegeltes Rettungs-Beiboot. Dann bin ich wieder im Cockpit angelangt. Hier wird die Selbststeuerung auf durchgescheuerte Steuerleinen nachgeschaut und ein neuer Keilriemen für die elektrische Autohelm-3000-Selbststeueranlage aufgezogen. Jedes Crewmitglied hat seine eigene Secumar-Rettungsweste mit dem Sicherheitsgurt angelegt. Ein amerikanisches, nur zigarettenschachtelgroßes wasserdichtes Blitzlicht

(ACR) steckt angeleint im Overall. Trillerpfeife und eine kleine wasserdichte Taschenlampe komplettieren die persönliche Ausrüstung.

Kurze Pause für das leibliche Wohl. Uschi serviert den Eintopf und eine Tasse Tee mit viel Traubenzucker im Papierbecher. Zum Spülen bleibt keine Zeit mehr. Auch eine halbe Tafel Schokolade kann jeder verdrücken, dann schläft der eine Teil der Mannschaft so gut es geht, damit man relativ ausgeruht das Weitere erwarten kann.

Hektik ist also völlig unangebracht. Ständiges Sturmtraining verhilft zu einer routinemäßigen Einstellung zu den Dingen, vor denen man nicht davonsegeln kann. Meistens kommt es dann ganz anders. Aus der extrem schwarzen Wolkenwand ergießt sich eine wahre Sintflut. Aber mehr war diesmal wieder nicht drin.

Echte Stürme sind äußerst selten. Lokale Unwetter schon häufiger. Jedes Jahr sterben Segler auf dem Bodensee, nur weil sie untrainiert einen richtigen Sturm sträflich unterschätzen.

Die wirklichen Gefahren der Sportboot-Seglerei sind in Küstennähe, nicht auf dem offenen Meer, sofern es sich nur um lokale Unwetter handelt. Richtige Atlantikstürme, die Tage dauern können, möchte ich niemand wünschen. Noch Tage danach läßt einen das vegetative Nervensystem nicht zur Ruhe kommen. Bei geringsten Anzeichen einer neuerlichen Wetterverschlechterung kommt Angst auf, die sich nur schwer unterdrücken läßt. Mehr als ein Segler hat Stürme in der Koje verschlafen. Huckevoll mit Rum ließ er nichts an sich heran. Ob diese Taktik lange gut geht?

# VERSICHERUNG FÜR SCHIFF UND CREW?

Ein Atlantik-Rundtörn läßt sich heute einwandfrei mit einer Kasko-Versicherung abdecken. Die Kosten belaufen sich auf ca. 4000 Mark für eine 160 000 Mark teure Yacht (Mittelmeer 2400 Mark). Das ist der Jahrestarif bei einer Selbstbeteiligung von 3000 Mark. Bei guten Yachtversicherern lassen sich Sonderkonditionen aushandeln (siehe Anhang). Bei 5000 Mark Selbstbeteiligung gibt es eine Prämieneinsparung von 500 Mark. Es kann auch nur der Totalverlust abgesichert werden.

Die Mitnahme von zahlenden Gästen läßt sich mit geringem Aufpreis absichern. Wichtig ist eine Versicherung, die den Passus Unterversicherung streicht und den Neuwert der z. B. gestohlenen Geräte ersetzt – nicht den Zeitwert, der viel geringer ist.

Unser Schiff wurde auf den Azoren in Horta ausgeraubt. Dabei fiel den Dieben alles Navigationszubehör etc. in die Hände. Selbst den Stechzirkel und Petroleumlampen ließen sie mitgehen. Daraus schloß die Polizei, daß die Diebe aus den eigenen Reihen, sprich Seglern, kommen müssten.

Nach der Art des Diebstahls kann es darüber kaum Zweifel geben. Die Versicherung bezahlte den Schaden nach Ablauf der zweimonatigen Wartefrist, es war allerdings mein erster Schaden nach 21 Jahren Segeln.

Schwere Krankheiten an Bord sind selten, weil das Klima in der frischen Luft nachweislich gut tut. Vor einem Unfall ist kein Segler sicher. Ich halte eine Rückholversicherung mit der SOS-Flugrettung Stuttgart für gut angelegtes Geld. Dieses und auch andere Rettungsunternehmen fliegen den Segler und seine Familie für weniger als 100 Mark Jahresbeitrag im Notfall nach Hause zurück.

Die normale deutsche Krankenkasse nützt auf den Karibischen Inseln herzlich wenig, weil es kein gegenseitiges Leistungsabkommen gibt. Nur in Martinique und Guadelupe kann auf recht unbürokratische Hilfe gerechnet werden. Diese beiden Inseln gelten rechtlich als französisches Departement. Mit Frankreich besteht ein Gegenabkommen.

Ausprobiert habe ich es noch nicht. Tatsächlich sind die Krankenhaus-Kosten für Einheimische und ausländische Besucher eindeutig niedriger als bei uns zu Hause.

Auf Grenada, St. Vincent und St. Lucia – alles sozialistisch angehauchte Staaten wird nur eine Minimalgebühr für Krankenhaus-Besuche verlangt. Der Tagessatz liegt bei fünf Mark! Er richtet sich nach dem Einkommen der Einheimischen. Eine Bananenpflückerin verdient in St. Vincent drei Mark pro Tag. Ein Lastwagenfahrer bekommt fünf Mark. Der Busfahrer kann mit sieben Mark rechnen. Normale Auslandsaufenthalts-Zusatzversicherungen können nur über wenige Wochen im Jahr abgeschlossen werden. Deshalb werde ich bei unserem nächsten Langzeit-Törn wieder die gleichen Versicherungen für den Krankheitsfall abschließen: normale deutsche Krankenkasse mit Mindestbeitrag weiterlaufen lassen und eine Rückholversicherung abschließen. Genügend Bankschecks und die Kreditkarte für Flüge innerhalb der Inseln oder zurück nach Europa gehören ebenfalls ins Reisegepäck. In Amerika gibt es Segler-Krankenversicherungen, die weltweite Deckung haben; wieso das in Deutschland nicht möglich ist, wußte mir bislang noch kein Versicherungsvertreter zu erklären. Wahrscheinlich vermutet man in Yachties potentielle Versicherungsbetrüger.

# KONFRONTATION MIT DER TECHNIK: HILF DIR SELBST

»Was kaputt gehen kann, geht kaputt«. Wer es nicht glaubt, soll auf Langfahrt gehen. Vor der Defekthexe ist der dreimalige Weltumsegler und Nestor aller Segler, Eric Hiscock genau so wenig sicher wie ein Bobby Schenk oder Eric Tabarly. Ein Blauwassersegler muß Navigator, Maschinist, Elektriker, Installateur, Schreiner und Schweißer sein, sonst sollte er die Finger davon lassen.

**Anforderungen an den Maschinisten:**

Motorinspektion mit Ventilnachstellen, Filterwechsel, Entlüftung der Einspritzleitungen, Düsenwechsel. Einstellen der Teleflexzüge für Motor und Getriebe. Nachstellen der Stopfbuchse. Abschmieren aller beweglichen Teile am Motor, Getriebe und Steuerung. Nachstellen der Seilzüge am Steuerquadranten.

Das ist nur ein kurzer Extrakt jener Arbeiten, die routinemäßig alle zwei bis drei Monate auf Langfahrt an Motor, Getriebe und Steuerung unbedingt erforderlich sind. Eine Werkstatt verlangt für diese Inspektionsarbeiten etwa 1000 Mark in Spanien oder Portugal. In den amerikanischen Virgin Islands bezahlt ein auswärtiger Segler gut 50 Prozent mehr. Für dieses Geld läßt es sich zu zweit komfortabel zwei bis drei Monate in der Karibik leben! *Elektronische Geräte* sind zweifellos eine feine Sache, solange sie funktionieren. Reparieren lassen sie sich mit Bordmitteln nur in den seltensten Fällen.

Einfachere Installationsarbeiten muß jeder Segler können. Dazu zählt: Schalter einbauen, Navigationslichter überprüfen, Batterieüberwachung, Fehlersuche beim Starter und bei der Lichtmaschine. Aus- und Einbau beider Teile. *Dem Installateur ist nichts zu schwer,* Zu- und Ableitungen von Wasserschläuchen sind einfach. Komplizierter ist die Inspektion einer verstopften Seewasser-Toilette. Bilgepumpen müssen regelmäßig untersucht werden, die Kontrolle von Bordauslässen ist ehernes Gesetz auf Blauwasseryachten. Tankreinigungen müssen alle Jahre absolviert werden, erstaunlich, wieviel Algen sich in einem Nirostatank ansammeln können.

**Kleinere Schreinerarbeiten**

schafft heute jeder ›Do-it-yourself‹-Bastler. Schreinerarbeiten und Malarbeiten sind wohltuend fürs Gemüt. Mich beruhigen sie ungemein, während Elektroinspektionen meinen Adrenalin-Spiegel anheben.

Maschinenarbeiten sind eine große, ölige Schweinerei und werden von mir nur sehr mißmutig erledigt. Schweißen sollte jeder beherrschen, der ein Stahl- oder Aluminium-Schiff sein eigen nennt.

Die üblichen seemännischen Arbeiten, wie Segel reparieren, spleißen, Mast und Rig instand halten, führe ich nur als Selbstverständlichkeit an.

Ich traf noch keinen Segler, der absolut perfekt ist. Man erspart sich allerdings eine Menge Zeit, Nerven und Geld, wenn neben gutem Werkzeug auch alle verfügbaren Handbücher der Bordgeräte im Bücherschapp stehen. Auch ein ausländischer Mechaniker kann damit schneller die richtigen Daten herauslesen. Leider gibt es keine Schulungskurse für Schiffs-Dieselmotoren in Deutschland. In England und Amerika sind diese ›Do-it-yourself‹-Kurse stark besucht. Schließlich bereitet die Segelei an sich die geringsten Schwierigkeiten. Richtigen Ärger verursachen die Überholungsarbeiten an der Maschine und am Schiff. Wer sich nicht selber helfen kann, sollte einen Atlantiktörn sein lassen. Das klingt hart, aber es ist leider das Fazit aus vielen Langfahrten.


BORDWERKZEUG:
DAS BESTE IST GERADE GUT GENUG

Zuviel Werkzeug hat noch nie geschadet. Vor Universalschlüsseln kann ich nur warnen. Gutes Werkzeug zahlt sich schon nach einer ersten größeren Reparatur aus. Neben den üblichen Maul- und Ringschlüsseln im DIN-Format muß für den Motor das richtige Werkzeug vorhanden sein. Japanische Dieselmotoren werden mit metrischen Schrauben zusammengebaut, amerikanische und englische Motoren können in den kleineren Schlüsselweiten nur mit englischen Zoll-Werkzeugen behandelt werden.

Ganz wichtig sind ein Schraubstock und geeignete Alu- und Nirostableche. Daraus lassen sich zum Beispiel passende Unterlegplatten für Klampen herstellen. Zur Not lassen sich auch neue Mastbeschläge zurechtbiegen.

Ich arbeite nur mit 220-Volt-Bohrer, -Schwingschleifer, -Stichsäge und -Bandschleifmaschine, obwohl es auch 12-Volt- Bordgeräte gibt. Mir sind akubetriebene Bohrschrauber oder die anderen 12-Volt-Geräte im Vergleich zu den Heimwerkermaschinen einfach zu teuer und zu leistungsschwach. Große 12-mm-Bohreinsätze bekommt man zum Beispiel nur für Heimwerkermaschinen.

Ein Fein-Bordgenerator liefert 650-Watt-Wechselstrom mit 220 Volt. Seit sechs Jahren arbeitet dieser ›Umformer‹ zu meiner größten Zufriedenheit. Auch ein leistungsstarker Hitachi-Haushaltsstaubsauger wird damit betrieben. Beim Gebrauch des Fein-Bordgenerators sollte die Hauptmaschine mitlaufen. Der Generator holt ca. 55 Ampère aus den 12-Volt-Batterien und wandelt sie mittels eines kleinen Drehstromlichtmaschinen-Motors in 220-Volt um. Fest eingebaut ist er für alle 220 Volt-Werkzeuge eine hervorragende Antriebsquelle.

Gleich gute Dienste leistet ein kleiner Benzin-Jockel von Honda, Yamaha oder anderen Firmen. Alle modernen Geräte sind genügend leistungsstark (400 − 650 Watt). Fürs Batterieladen sind sie wie geschaffen. Nach zwei Stunden Aufladung mit 15 − 25 Ampère startet jeder normale Dieselmotor einwandfrei mit halbgeladenen Batterien. Für eine Volladung muß der Generator etwa 10 Stunden laufen!

**Kampf gegen den Rost**

Das beste Werkzeug rostet nach wenigen Jahren. Ein zweifacher Weltumsegler erfand eine einfache und praxisgerechte Aufbewahrung: luftdichte Tupperware-Kunststoffdosen. Sie halten die Seeluft sicher draußen. Sprüht man das Werkzeug und die Ersatzteile alle paar Monate mit einem leichten Konservierungsspray (z. B. WD-40) ein, bildet sich ein zuverlässiger Schutzfilm über allen blanken Teilen.

Waffenöl und Vaseline sowie Teflon-Fett von WGL eignen sich besonders gut für alle beweglichen Teile an Werkzeugen. Auch das seewasserfeste Außenborder-Schmierfett ist von bester Qualität. Normales Schmierfett verharzt, verklumpt rasch und schützt nur sehr beschränkt gegen Korrosion und Oxydation.

Gutes Werkzeug hilft immer, auch für neue Freundschaften unter den Seglern. Denn nichts braucht man mehr als ein paar gute Kumpels, die einem bei schwierigen Maschinenproblemen weiterhelfen. Oft entstehen daraus langjährige Freundschaften.

90

## Grobes Werkzeug für den Notfall

Mit einem einfachen Hammer läßt sich in kürzester Zeit keine Inneneinrichtung vom Rumpf freischlagen. Bevor mein Schiff untergeht, werde ich selbstverständlich Kojen und Schränke opfern, um das Leck zu lokalisieren. Dazu braucht man eine ca. 60 cm lange, schwere Axt. Neben Metallsägen gehört auch eine scharfe Baumsäge an Bord, sofern das Schiff Holzmasten hat. Auf einen Mastbruch muß man immer gefaßt sein. Deshalb gehören auch erstklassige Metallsägeblätter in den Werkzeugkasten, weil die sündhaft teuren Wantenschneider nur im neuwertigen Zustand ihre attestierte Schneidleistung erbringen.

Mit Kettenstücken lassen sich verkürzte Wanten auf jede Länge anpassen.

Bei meiner Werkzeugausstattung ging ich davon aus, daß ich einen Mast- und Ruderbruch auf hoher See reparieren müßte. Ein Ruderbruch ist im übrigen wesentlich problematischer als ein Mastbruch. Bei einem Langkieler kann ein Notruder recht einfach montiert werden. Bei einem freistehenden Balanceruder ist ein Ruderstock-Bruch eine sehr schwierige Reparatur. Unglaublich viel Wasser kommt innerhalb weniger Minuten durch solch ein zehn Zentimeter großes Loch ins Schiff. Beim Fasnet-Unglück gerieten die meisten Schiffe wegen gebrochener Ruder in Seenot!

Mehr zur eigenen Beruhigung schleppe ich seit 25 000 Seemeilen ein dick gepolstertes Lecksegel mit herum. Nur in den seltensten Fällen läßt sich ein Kunststoffrumpf damit abdichten. Für Holzschiffe mag es angehen, aber wer schraubt schon einige Dutzend selbstschneidende Schrauben durch einen 3 − 5 Zentimeter dicken Kunststoffrumpf? Wer mit dem Schlimmsten rechnet, hat gutes Werkzeug dabei.

## MIT EINEM SATZ SEGEL UM DIE WELT...

sind schon viele Yachten gereist. Moderne Dacron-Kunststoffsegel halten ca. 30 000 Seemeilen oder vier bis fünf Jahre unter normalen Bedingungen. Baumwollsegel werden kaum mehr als zwei Atlantikpassagen durchstehen. Aber auch bei Dacron-Segeln gibt es beträchtliche Qualitätsunterschiede.

Ich ließ mir vor der ersten Atlantiküberquerung zwei sehr teure Passatsegel von einem renommierten deutschen Segelmacher schneidern. Schon in der Karibik waren alle Stagreiter bis auf wenige Millimeter durchgescheuert. Der Segelmacher hatte aus Kostengründen ein zu dünnes Profil gewählt. Stagreiter können an Bord ausgewechselt werden. Schlimmer waren die Beschädigungen am Schothorn und an den nur zweifach vernähten Segelbahnen. Kurz, die 5000 Mark teueren Passatsegel waren schon nach 3000 Seemeilen Schrott.

Eine große Leichtwetter-Genua wurde von einem bekannten Segelmacher am Bodensee hergestellt. Für einen beträchtlichen Aufpreis ließ ich die Segelbahnen dreifach vernähen. 5600 Mark mußte ich dafür bezahlen! Nach 10 000 Seemeilen waren Achterliek und einige Nähte gerissen und alle Kauschen waren stark beschädigt.

Seitdem habe ich von deutschen Segelmachern die Nase voll. Tatsächlich sind meine in Hongkong gefertigten, handvernähten Standard-Segel auch nach über 10 000 Seemeilen noch gut in Form. An Reparaturen gibt es fast nichts zu beklagen. Ein paar Stiche an den Segellatten-Taschen − sonst nichts. Dabei werden diese Segel weit schwerer beansprucht als die Passatsegel oder die große Genua, die ich sehr frühzeitig berge. Nach den Erfahrungen von vielen Langstreckenseglern sind die bei deutschen Segelmachern verarbeiteten Dacron-Tuche von besserer Qualität als bei Hongkong-Ware. Dafür wird in der rein

92

handwerklichen Näharbeit in Fernost wesentlich aufwendiger und praxisgerechter gearbeitet. Für die Lebensdauer der Segel spielt das die primäre Rolle – nicht der perfekte Stand des Segels. Einige deutsche Segelmacher wollen die leichten Regatta-Segel auch an Fahrtensegler verkaufen. Ich fiel auch darauf rein. In der Ostsee und im Mittelmeer mag das angehen, denn diese Segel ziehen besser als die flacher konzipierten Langstreckensegel. Für zwei Atlantikreisen sind diese Segel ungeeignet und eine Quelle ständigen Ärgers. Uschi verbrachte Tage an der Reparatur unserer deutschen Segel.

Eine Tourenyacht würde ich heute mit Lee- oder Tasker-Sails ausrüsten. Die meisten Segel werden ohnehin in Fernost gefertigt. Praktisch alle bekannten Kunststoff-Großserienyachten werden mit Massenware aus Hongkong in der Erstausrüstung versehen. Dieser Satz Segel wird nur wenige Jahre halten. Man sollte speziell angefertigte Fahrtensegel direkt in Hongkong oder über den deutschen Vertreter bestellen, dann wird der Skipper mit wesentlich besserer Qualität beliefert werden. Die Kostenersparnis liegt gegenüber deutschen Segeln bei durchschnittlich 30 – 50 Prozent.


**Passatsegel, wozu?**


Seitenlange Abhandlungen über das Setzen der beiden gleich großen, ausgebaumten Vorsegel beeinflußten mich so stark, daß ich ohne sie nicht mehr segeln wollte. Die Praxis sah enttäuschend aus. Beide Segel sind etwas kleiner als das Großsegel und eine normale Genua. Bei leichtem achterlichen Wind zogen sie schlecht. Bei viel Wind brachten sie meinen gutmütigen Langkieler stark ins Rollen. Das Leben an Bord wurde zur Qual. Dann setzte ich statt der beiden Passatsegel einen großen Booster (Fahrtenspinnaker), der zog leicht raumschots wie der Teufel.

Für mich ist die Bedienung der beiden Passatsegel und beider Bäume viel gefährlicher und wesentlich aufwendiger als das Setzen und Bergen eines Boosters mit einem Spinakerstrumpf.

Fürs gleiche Geld bekommt man statt der Passatsegel zwei Booster bester Qualität. Das Rollen im Seegang ist gleich Null, die Etmale stiegen von 120 Seemeilen bis über 168 Seemeilen unter fast identischen Verhältnissen. Ein kursstabiles Schiff hat mit der Kombination Autopilot und Fahrtenspinaker keine Steuerprobleme bei normalen Passatwinden. Mit einer windabhängigen Selbststeueranlage muß experimentiert werden. Eine schwedische ›Sailomat‹ wird mit jedem Booster fertig. Bei meiner englischen Aries bedarf es einer genauen Justierung, weil sie weniger direkt arbeitet als die Sailomat.

Das Boot steuert mit einer fünf- bis zehnprozentigen Schräglage übers Meer. Die üblen Rollbewegungen der Passatsegel gehören der Vergangenheit an.

Heute werden alle schnellen Atlantiküberquerungen unter Spinaker gefahren. Passatsegel haben für mich nur dann eine Berechtigung, wenn die Mannschaft sehr klein ist und eine gute Selbststeueranlage fehlt.


**Schwerwettersegel . . .**

sind gut fürs Gemüt. Meist drückt man sich vor dem Trysegel oder der Sturmfock. Ich habe beides an Bord, aber nur in drei Fällen habe ich sie benutzt. Wenn es richtig zur Sache geht, der Wind auf acht Windstärken zunimmt und das Schiff vor einer Leeküste freikreuzen muß, sind Trysegel und eine gut stehende Sturmfock optimal. Hier zeigen sich die Grenzen einer Rollfock. Der Segeldruckpunkt liegt im weggerollten Zustand viel zu hoch. Deshalb ist ein Kutter

94

mit zwei Vorsegeln variabler.

Eine Kombination aus Rollreff und zusätzlichen Schnellreff-Bändseln ist für einige Weltumsegler die beste Reffeinrichtung fürs Großsegel. Unser Schiff muß sich mit einem Bindereff begnügen, weil das Wegnehmen von Segeln bei einer Kutter-Ketschbesegelung viel einfacher ist als bei einer normalen Slup-Beseglung. Mir gefällt ein Zweimaster mit stark unterteilter Segelfläche einfach besser. Höher am Wind segelt natürlich eine Slup mit einer 7/8-Takelage. Ihr größeres Vorsegel und der wesentlich höhere Mast ergeben bessere Segeleigenschaften als bei einem Zweimaster.

Jede Takelage hat ihre Vor- und Nachteile. Vielleicht liegt die Zukunft bei den unverstagten Kohlefasermasten, wie es die Freedom und Herresdorf-Yachten zeigen. In der Karibik haben sich diese Rigs bestens bewährt. Jeder, den ich darüber interviewte, war begeistert. Kürzlich segelte ein Hamburger Kollege mit einer 25-Fuß-Freedom einhand über den Atlantik. Unter sehr schweren Seebedingungen bewährte sich das unkomplizierte Rig durchaus. Dschunkenrigs auf mittelgroßen Seekreuzern sind die Vorstufe für das Freedom-Rig. Für Chinesen und viele Engländer gibt es nichts fahrtengerechteres als ein Dschunkenrig. Kein anderes Segel läßt sich fast zentimetergenau mittels Reffleinen sekundenschnell verkleinern. Die Leichtwettereigenschaften könnten allerdings besser sein.

Gute Rollreffanlagen haben sich mit Profilvorstagen bewährt. Philipp Jeantot segelte in Rekordzeit damit um die Welt. Zusätzliche normale Vorsegel sollten an Bord mitgeführt werden. Unter harten Gegenanbedingungen sind an Stagreitern gefahrene Vorsegel verschleißfester und zugkräftiger als Rollfock-Segel. Ich halte den Preis von dreitausend Mark, die eine Rollfockanlage mindestens kostet, für stark überteuert. Für dieses Geld kaufe ich mir lieber ein neues Segel. Mehr als drei Jahre halten Rollreff-Segel unter Langstreckenbedingungen ohnehin nicht. Die UV-Einstrahlung setzt den Nähten und dem Tuch stark zu. Der Siegeszug guter Rollreffanlagen ist trotzdem kaum aufzuhalten, weil sie den Segler an seiner bequemen Seite breitseits packen. Wer geht schon gern bei sieben Windstärken aufs Vorschiff zum Segelwechseln? Niemand!

Der Grund, weshalb ich dennoch bei verschieden großen Vorsegeln bleibe, ist ganz einfach: Die Rollfock ist bei leichtem Wetter zu klein, bei drei bis vier Windstärken in Ordnung. Bei fünf bis sechs Beaufort muß das Segel halb aufgerollt werden. Darunter leiden die Segelnähte. Die Naht schmirgelt sich durch. Über sieben Windstärken müssen die meisten Rollfocks ganz geborgen werden, weil sonst der Topwirbelbeschlag klemmt.

Robert James gewann alle bekannten Ozeanrennen. Er ist einer der stärksten Befürworter von Rollfocks: »Bei Solorennen über den Nordatlantik ist eine gute Rollfock ideal, weil der Segler weniger häufig auf dem Vordeck Segel wechseln muß. Das ist gut für die Sicherheit. Bei Rennen rund um die Welt mit starker Besatzung wird keine Yacht Rollfocks einsetzen, weil normale Segel verschleißfester sind und einen besseren Segelstand haben.« Blauwassersegler, die Rollfocks einsetzen, haben immer einen zweiten Satz normaler Segel dabei. Diese Kombination ist wohl die beste.


ZUVIEL SONNE: KAMPF GEGEN DIE HITZE

Mehr als schlechtes Wetter plagt den Blauwassersegler die ständige Auseinandersetzung mit der Hitze.

Wir schliefen monatelang auf den Cockpitbänken, weil es hier am kühlsten war. Auch nachts sinkt das Thermo-

Trotz vieler Charterboote ist die Marigot Bay auf St. Lucia immer noch sehenswert. Früher beherbergte diese hurricanesichere Bucht die schlagkräftigsten Piraten.

**Grenada vor der US-Invasion von 1983. Heute sind die Lagerhallen am Hafenbecken zerstört.**

**St. Barts wurde von schwedischen Einwanderern gegründet. Heute gehört es zu den französischen Departements.**

Die alte Kirche hat das Militärspektakel heil überlebt.

Unsere Larantuka bekommt vor der Rückreise über den Atlantik einen neuen Unterwasseranstrich spendiert. Die Rumpfform ähnelt den norwegischen Colin-Archer-Spitzgatter-Yachten, die für ihre Seetüchtigkeit bekannt waren.

Sieht harmlos aus, aber die gefährlichsten Riffe liegen dicht unter der Wasserober-
fläche. Deshalb muß beim Ansteuern der Inseln mit den ›Augen‹ navigiert werden.
Mehrzwecktaxi auf Grenada. Drei Stunden Fahrt für eine Schachtel Zigaretten.

Ralf hält über HAM-Radio Kontakt zur Heimat. Auf dem Maritime-Netz können Ersatzteile aus Deutschland besorgt werden. 300 Meilen vor der nächsten Insel landete der kleine Fink auf der Reling. Er blieb zwei Tage an Bord.

Kurz vor den Bermudas überholen wir diese französische Ketsch.

Morgensonne nach der Nachtwache.

meter in den Grenadinen selten unter 25 Grad. Ein wirkungsvolles Sonnendach aus Kunstfasertuch ist nötig. Mit der Befestigung hapert es allerdings bei den meisten einmastigen Yachten. Eine Ketsch kann das aufgespannte Sonnendach über den Baum des Besans tragen.

Auch während der Fahrt ist ein Sonnendach kein Luxus. Die amerikanischen Charteryachten sind mit Bimini-Dächern ausgerüstet, die sich wie ein Kinderwagendach zusammenklappen lassen. Auch bei sechs Windstärken steht das Bimini-Sonnendach noch einwandfrei. Es kostet in Amerika 2000 Mark. Bei uns wird es leider nicht angeboten. Ich behalf mich mit einem kleineren Sonnensegel, das ich unter dem Baum des Besans während der Fahrt befestigte. Keine so optimale Lösung wie das 3500 Mark teure Bimini-Verdeck, aber besser als nichts. Eric Hiscock sah die Lösung des Problems in einem großen Sonnenschirm.

Mit einem großen weißen, 3000 Mark teuren Sonnendach aus leichtem Segeltuch überspannen italienische Segler am Mittelmeer das Deck. Wer kann das bezahlen?

Die meisten Langzeitsegler werden sich selbst ein Sonnensegel mit herunterklappbaren Seitenteilen nähen, das Sonne und Regen abhält. Auch vor tiefstehender Sonne ist man damit geschützt. Dunkle Farben speichern die Wärme viel stärker als helle Farbtöne.

Nach meinen Erfahrungen heizt sich ein braunes Teakdeck wesentlich stärker auf als ein weißes Stahl- oder Kunststoff-Deck. Dunkle Stahlrümpfe heizen sich stark auf. Deshalb sollte eine Langfahrtenyacht hell lackiert sein.

Glänzend lackierte, naturfarbene Holzteile speichern so viel Wärme, daß empfindliche Naturen sich die Finger am Steuerrad ›verbrennen‹! Geöltes Teak ist weniger wärmespeichernd.

Im Isolationswert sind Ferrozementyachten, Sperrholz- und danach Kunststoffyachten am angenehmsten zu ertra-

gen. Echten Komfort könnte eine Airconditionanlage verbreiten, aber solch ein Ding kommt mir nicht an Bord, obwohl amerikanische Motoryachten mit ihren leistungsstar-
ken Dieselgeneratoren häufig damit angeben! Wichtiger
als viele ›schiffige‹ Doradelüfter sind zahlreiche Bullaugen
zum Öffnen und mindestens zwei wasserdichte Luks, die
man nach beiden Seiten öffnen kann.

Ich bin mit unseren 14 Bronze-Bullaugen sehr zufrieden. Sie sind 100% wasserdicht, sofern ich die Gummi-
dichtungen alle drei Jahre erneuere. Das kostet sechzig
Mark und zwei Stunden Arbeit. Dafür erhalten wir genügend Durchzug auf schwülen Ankerplätzen. Ein trichter-
förmiger Windsack leitet den geringsten Luftzug ins Schiff.

Ein leiser, nicht zu schnell drehender Autoventilator mit
automatischer Dreheinrichtung bläst, wenns ganz heiß
kommt, erstaunlich viel frische Luft durch die Kajüte. Im
Winter verteilt er die Wärme unseres Petroleumofens
durchs ganze Boot.

Hier macht sich ein Schiff mit großem Salon und Vor-
derkajüte im Vergleich zu einer kleinen Achterkajüte und
einem kleinen Salon bezahlt. Wer in den meist engen Ach-
terkajüten auf karibischen Ankerplätzen schlafen muß, ist
nicht zu beneiden. Deshalb die Anmerkung für Karibik-
Neulinge: Dort, wo der Skipper schläft, ist es am angenehmsten − nämlich an Deck!


## DIE RICHTIGE PANTRY:
## KOCHEN IN DER ACHTERBAHN

»Der Koch an Bord ist Kapitän«, stellen Harald Mertens
und Neil Hollander in ihrem lesenswerten Kochbuch für
angehende Seeleute lakonisch fest. Dem gibt's wenig an-
zufügen, es ist die reine Wahrheit.

An Land mimen leicht autoritäre Typen wie ich schon den starken Max, aber wenn's ans Kochen oder Brotbakken geht, läßt der schneidige Ton schlagartig nach. Ich bin auch nach zwei Atlantikpassagen froh, wenn meine liebe Uschi einen Stock tiefer an der Pantry schwitzt.

Ich kenne nach zwanzig Segeljahren nur drei Menschen, denen beim Kochen in rauhem Seegang nicht schon schlecht geworden ist. Uschi gehört dazu. Bevor ich meine grausligen Erfahrungen mit der Backschaft preisgebe, ein paar Beispiele, wie man trotz widriger Umstände körperlich intakt einen Ozean bezwingen kann. Eric Tabarly gewann schon das Einhandrennen über den Atlantik und umsegelte mehrfach mit seinen Rennyachten die Erde. Zweifellos einer der weltbesten Segler. Eric ernährt sich an Bord fast ausschließlich von Müsli, Milch und aufgebrühten Päckchensuppen. Ein Fest, wenn die Suppe aus der Dose kommt.

Mein Freund Klaus Schroth gilt als Deutschlands erfahrenster Solosegler und verdient sein Geld als Lufthansa-Kapitän. Auf den Renntrimaranen ernährt er sich von eingeschweißten Lufthansa-Bordmenüs: »Erste-Klasse-Mahlzeiten, in heißes Wasser eingelegt, das schmeckt und spart Zeit.« Tristan Jones, der die weitesten Arktis-Reisen mit seinem umgebauten Lotsenkutter unternommen hat, lebte eingeschlossen im Packeis über 365 Tage lang fast ausschließlich von Bongoo. Alles Eßbare wird in einen Topf geschüttet, aufgekocht und mit einem kräftigen Schuß Whisky abgeschmeckt. Hund und Herr überlebten. . .


**Rechter Herd ist Goldes wert.**

Den wenigsten Ärger verursacht ein kardanisch aufgehängter Gaskocher mit Backröhre. Die Installation muß fachmännisch (GSE-Richtlinie) ausgeführt sein, sonst findet das nächste Menü gerantiert im Himmel statt.

Bei der französischen Yacht ›Esmeralda‹ flog das ganze teakhölzerne Achterdeck in die Luft, als Skipper Claude den Backofen anheizen wollte.

Propan- und Butangas ist schwerer als Luft. Ausströmendes Gas sammelt sich in der tiefsten Stelle. Das ist die Schmutzwasser-Bilge. Ab 15 Prozent Gas-Luftgemisch ist die Mischung zündfähig. Ohne Gasschnüffler, explosionssichere Abluftanlage und die üblichen Absperrhähne und Zündsicherungen an den Brennern sollten Gasanlagen nicht betrieben werden.

Petroleum-Kocher von Optimus oder Taylor sind bewährte Geräte. Dennoch gab es auch auf meinem Schiff kein Gerät, das mir mehr Ärger verursacht hatte, als der Taylor 030 Petroleum-Herd.

Immer wieder traten Undichtheiten am Sieben-Liter-Vorratstank auf. Die fabrikmäßig gepreßten Hülsen wurden undicht und der Düsenwechsel wegen Verstopfung mußte alle 14 Tage vorgenommen werden. In den meisten Fällen liegt das an verunreinigtem Petroleum, wie es in Spanien, Portugal und in der Karibik verkauft wird. Mitten auf dem Atlantik leerte ich den Vorratskanister um und filterte mit einem doppelten Melitta-Kaffeefilter den ganzen Sprit neu durch. Nach zwei Tagen war ein Brenner in der Backröhre wieder verstopft. Die automatischen Düsenreinigungs-Nadeln brechen immer wieder ab, weil die Düsen selbst zu ungenau gearbeitet sind. Ich wünsche, daß einer der Düsenhersteller mal bei acht Windstärken unter Vorwindkurs und heftig rollendem Schiff eine Stunde mit seinem Produkt kocht. Er möchte nicht mehr leben, so hängt ihm die Sache zum Hals heraus.

Ich habe deshalb einen Schlußstrich gezogen, kaufte mir einen Gasherd aus Edelstahl und ließ die Installation von einem Fachmann abnehmen. Zur Reserve habe ich einen kleinen zweiflammigen Endress-Petroleumkocher dabei, der nur mit hochwertigem deutschen BP-Petroleum gefüttert wird. Dieses spezielle Öl ist fast geruchlos und garantiert wasserfrei destilliert.

Ich bin mir über die Risiken einer Gasanlage bewußt, obwohl heute in über 90 Prozent aller Serienyachten Gaskocher eingebaut werden. Eine Umfrage unter mehr als 70 Weltumseglern hat ergeben, daß 86 Prozent dieser erfahrenen Kollegen Gas als besten Brennstoff empfehlen.

In Puerto Rico traf ich meinen Versicherungsmakler Harald Braun, der mit seiner Swan schon mehrfach über den Teich gesegelt ist. Auf das Risiko angesprochen, meinte er: »Rein statistisch gesehen ist Gas ganz klar sicherer als Petroleum. Die meisten Brände an Bord sind duch Petroleum-Kocher und -Lampen entstanden.« Harald kocht und backt mit Gas.

Egal ob nun mit Gas oder Petroleum gekocht wird, die richtige Ausrüstung macht sich durch weniger Ärger bezahlt. Dazu gehören eine feststellbare kardanische Aufhängung und sichere Topfhalterungen. Was hier angeboten wird, ist absolut unzulänglich. Man muß sich schon selbst ein paar stabile Topfhalterungen aus Niro zurechtbiegen. Deshalb ziehe ich auch einen zweiflammigen Herd dem dreiflammigen vor, weil die Topfhalterung stabiler ist.

An Kochtöpfen haben sich ein Druckkochtopf und eine Garnitur von drei Edelstahl-Töpfen bewährt, die, höher als eigentlich benötigte Töpfe, ein Überschwappen verhindern. Bei schwerem Wetter kochen wir ausschließlich im Sicomatic. Läßt man das Druckventil nach dem Kochen auf dem Deckel, halten auch unter tropischer Sonne die gargekochten Speisen für 24 Stunden. Andere Segler essen tagelang aus dem immer wieder aufgewärmten Eintopf, mir ist das zu gefährlich.

Die beste Edelstahlqualität ist bei Töpfen und Pfannen gerade gut genug für den Langstreckenbetrieb. Alle paar

Tage müssen sie mit Flüssig-Reiniger geschrubbt werden. Auch gute Emaille-Töpfe rosten nach wenigen Monaten. Die giftige Emaille blättert ab.

Ständige Vibrationen auf den langen Ozeanpassagen setzen dem Geschirr schwer zu. Gute Staukästen und abgepolsterte Stoßarmierungen sind notwendig. Jedes Ding muß seinen Platz haben, das ist in der Pantry immer noch die beste Lösung.

Als wir unsere Pantry planten, stellte Uschi alles zusammen, was zum Kochen und Backen notwendig ist. Alles sperrige Gerät, das Platz wegnimmt und nur für ganz wenig Arbeitsgänge nötig ist, fiel der Strichliste zum Opfer.

Am Ankerplatz hat man sehr viel Zeit, da kann ein Kohlkopf auch mit einem guten Messer geschnippelt werden. Keine Kompromisse darf es bei der Qualität der Küchengeräte geben. Nur Edelstahl behält langfristig sein gutes Aussehen.

Geschirrabwaschen mit Seewasser hört sich gut an, aber unser schönes französisches Bistro-Besteck zeigte Flugrostspuren schon nach drei Wochen Atlantik. Wir benutzen deshalb eine Garnitur billiges ›Salzwasser‹-Besteck für die Langtörns, das gute Besteck wird nur mit Süßwasser gewaschen. Plastikgeschirr gibt es bei uns nicht, obwohl die Hersteller inzwischen vom Kantinen-Design abgekommen sind und durchaus ansehnliches Kunststoffgeschirr anbieten. Uns gefällt skandinavisches Steingutgeschirr besser. Nach 30000 Seemeilen mußten wir bisher nur durch meine Dussligkeit zwei Tassen und drei Teller ersetzen.

Neu auf dem Markt sind bruchfeste Synthetikglasteller aus Italien. Sie sehen gut aus, sind wirklich bruchfest und vertragen bis zu 250 Grad Hitze. Man kann im Backofen damit sogar Speisen aufwärmen. Alles Geschirr und Besteck sollte vor Antritt der Reise in Deutschland oder Frankreich beschafft werden. Im größten Kaufhaus von

St. Lucia (Karibik) kostete ein Henkelbecher 13 Mark, eine Teekanne aus Alublech 16 Mark. Auch Papierrollen für die Pantry kosten zwischen sieben und neun Mark je Rolle, sofern man sie überhaupt erhält.

### Nicht spucken — kochen

Am besten hat sich folgende Arbeitseinteilung bewährt. Unsere Kinder Nina und Michael putzen mit einem Eimer Seewasser im Cockpit die Kartoffeln, Rote Beete, Karotten, Bohnen oder Zwiebeln, je nach Speiseplan. Ich schneide das Gemüse bratpfannengerecht auf einem Holzbrett klein. Uschi brät und kocht alles dann zu einem schmackhaften Menü zusammen.

Einfache Dosengerichte muß jeder an Bord kochen können. Übung bekommt man beim Frühstück. Wer nicht im Stande ist, ein amerikanisches Frühstück mit Eiern, Schinken und gegrillten Tomaten zuzubereiten, sollte langsam, aber konsequent mit einem einfachen Kaffee, Brot und Marmelade-Frühstück anfangen. Meiner Linie tut die Backschaft immer gut, ich genieße die Fahrtenseglerei erst nach dem dritten Tag. Dazwischen wird ausgiebig abgemagert. Ich fühle mich dabei in bester Gesellschaft von Francis Chichester, Naomi James, Alain Colas oder auch Bernhard Moitessier. Allen ist in der Pantry schon die Lust am Essen vergangen. Mit ein Grund, weshalb die unkomplizierte Gas-Kocherei dem umständlichen Vorwärmen des Petroleumskochers mit Spiritus vorzuziehen ist. Die Folter am Herd wird auf ein Minimum verkürzt.

### Kühlschrank gefällig?

Vor einigen Jahren diskutierte kein Langstreckensegler über Tiefkühlkost. Es gab einfach keine passenden Geräte für den Bordbetrieb. In den letzten drei Jahren hat sich die Situation grundlegend gewandelt. Es gibt jetzt Drei-Sterne-Tiefkühltruhen, die den Komfort an Bord beträchtlich steigern können.

Zwei Systeme werden angeboten: Elektrische Schwingkompressor-Systeme, die in jeder Lage bis zu 20 Grad Minustemperaturen erzielen, und neue, von der Hauptmaschine angetriebene Kompressoren, die mittels ›Holding Plates‹ (Kühlmittel-Reservoir) die gleiche Leistung erzielen. Nach meinen Erfahrungen arbeiten beide Systeme über Jahre hin zuverlässig. Über 4000 amerikanische Charterboote wurden in den letzten drei Jahren mit den motorbetriebenen Kompressoren ausgerüstet. Ohne Übertreibung gibt es in der Karibik oder in Nordamerika kein Charterboot ohne Tiefkühltruhe an Bord. Für ca. 3500 Mark bieten jetzt auch schwedische und italienische Kompressorhersteller diese Aggregate in Deutschland an. Mit zweimal je eine halbe Stunde Motorbetrieb pro Tag lassen sich die Holding Plates genügend mit Kälte ›aufladen‹. Diese Holding Plates geben dann die gespeicherte Kälte an das Tiefkühlgut ab. Die Montage der Anlage ist mitunter kompliziert, weil nicht an jeden Motor eine zweite Riemenscheibe und der rund dreißig Zentimeter hohe Kompressor im Motorraum angebaut werden kann.

Schwingkompressorkühlschränke werden für den Transport von Blutkonserven schon viele Jahre eingesetzt. Die Installation erfolgt über ein Plus-Minus-Kabel an den Sicherungskasten. Eine eingebaute Sicherung sorgt zusätzlich für den notwendigen Überlastungsschutz. Bei diesen Geräten kann nichts falsch gemacht werden. Die Montage ist wirklich kinderleicht.

Der Nachteil aller elektrischen Kühlsysteme liegt am Stromverbrauch von durchschnittlich 5 Ampère je Stunde. Bei den hohen karibischen Temperaturen arbeitet ein Schwingkompressorkühlschrank fast rund um die Uhr! Da

112

geht jede normale Batterie innerhalb von 24 Stunden in die Knie. Deshalb muß die Isolation der Kühltruhe optimal sein. Üblich sind fünf Zentimeter dicke Polyurethanplatten. Das reicht hier nicht aus. Gut ist 20 − 25 cm dickes Isolierungsmaterial. Die Einschaltzeit wird erheblich reduziert. Jim Cambell hat auf seiner motorlosen ›Papito‹ nur Solarzellen als Antrieb für seine elektrische Tiefkühltruhe: »Der Kühlkompressor läuft maximal zwei Stunden pro Tag und hält meine Tiefkühlkost einwandfrei in Schuß.« Der Engländer lebt seit drei Jahren auf seiner Yacht in den amerikanischen Virgin Islands. Auf die richtige Isolierung kommt es also bei jeder Kühltruhe an.

Schwingkompressor-Aggregate oder Adler-Barbour-Kompressen werden für rund 1500 Mark angeboten. Wenn ich viel Geld übrig habe, werde ich mir eine Frigoboat-Motor-Kompressoranlage einbauen. Bis jetzt arbeitet meine kleine Engel-Schwingkompressorbox seit Jahren einwandfrei. Wohl kann ich bei den 33 Liter Stauvolumen keine Rindersteaks über den Atlantik transportieren, für einen kühlen Weißwein reicht es aber immer. Nach einer Stunde Einschaltzeit werden bei 30 Grad Außentemperatur Null Grad in der Kühlbox erreicht. Nach zweieinhalb Stunden zeigt das Thermometer schon 12 Grad Minus an. Für den Dauerbetrieb sind diese kleinen Kühlboxen durch den geringen Stauraum wenig geeignet, aber sie erhöhen den Komfort bei Bedarf doch spürbar. Alle anderen Thermoelektrischen oder Absorber-Systeme taugen für tropische Temperaturen nicht. Sie kühlen maximal 25 Grad gegenüber der Außentemperatur herunter. In unseren Breiten mag das angehen, in der Karibik wird mehr verlangt. Weit unter Wert werden gas- oder petroleumbetriebene Kühltruhen gehandelt. Am Ankerplatz arbeiten diese lageempfindlichen Geräte einwandfrei. Fast in jeder karibischen Hütte steht ein Drei-Sterne-Sikens oder Elektrolux-Petroleum-Kühlschrank. Voraussetzung für den einwandfreien Betrieb ist eine absolut waagrechte Aufstellung. Schon bei fünf Grad Schräglage wird keine Kühlung mehr erzeugt, das gilt übrigens für alle herkömmlichen Absorber-Kühlschränke. Deshalb taugen nur Kompressor-Kühlaggregate für den Bordbetrieb. Sie arbeiten noch bei 35 Grad Schräglage mit voller Leistung.

Der dreifache Weltumsegler Eric Hiscock benutzte auf seinen Yachten jahrelang einen kleinen petroleumbetriebenen Kühlschrank am ruhigen Ankerplatz. Heute gibt es diese kleinen Petroleum-Kühlschränke nur noch antiquarisch zu kaufen.


## DER EISERNE GUSTAV: SELBSTSTEUERANLAGEN

»Weniger als zehn Stunden steuerte ich mein Schiff selbst, den Rest der 24 000 Seemeilen hielt die Aries den Kurs.« Ohne Selbststeuerungsanlage geht heute kein Langstreckensegler mehr auf Fahrt. Die modernen Anlagen haben die Seefahrt sicherer gemacht. Kleine Besatzungen kommen ausgeruht ans Ziel.

Über sechzig verschiedene Anlagen werden angeboten, aber nur eine Handvoll wird für Weltumsegelungen akzeptiert. Das liegt an den Seglern: Was gut ist wird weiterempfohlen, Schlechtes wird versenkt.

Obenauf schwimmt auch nach fast zwanzigjähriger Produktion immer noch die englische Aries, die wahlweise über die Pinne oder das Steuerrad mittels eines Balanceruders die Steuersignale direkt an das Hauptruder weitergibt. Mit ihr wurden mindestens 100 Weltumseglungen unternommen. Beim letzten ›Rund-um-die-Welt-Rennen‹ für Solosegler vertrauten acht von 14 Teilnehmern auf die Aries. Auch der Gesamtsieger Philippe Jeantot mit seiner

›Credit Acricole‹ fuhr diese überaus robuste Anlage. Dabei brach er alle bestehenden Geschwindigkeitsrekorde für Solosegler. Ich erwähne das, weil etliche Segler der Aries das letzte Quentchen Steuergenauigkeit absprechen. Als Notruder kann die Aries nicht benutzt werden. Die schwedische Sailomat gilt als genaueste Steuerhilfe. Dreimal so teuer wie eine 2500 Mark teure Aries, arbeitet sie über ein echtes Untersetzungsgetriebe direkt auf das Hilfsruder. Das Hauptruder wird dabei festgestellt. Die Sailomat kann auch als Notruder verwendet werden.

Die dritte Kategorie der windabhängigen Selbststeueranlagen hat eine große Windfahne, die mittels einer geringfügigen Untersetzung ein Hilfsruder betätigt. Dieses Hilfsruder kann auch als Notruder verwendet werden. Die Firma Förtmann in Hamburg baut nach diesem System die John-Adam-Anlagen, die durch geringen Preis (ca. 1800 Mark) aus dem üblichen Rahmen fallen.

Ich hatte alle drei Anlagen schon an Bord. Jede hat ihre Vor- und Nachteile. Nach meinen Erfahrungen arbeitet die ›John Adam Northsea‹ bei relativ kursstabilen Booten von 6,60 bis 10 Meter einwandfrei. Die maximale Verdrängung sollte 9 Tonnen allerdings nicht übersteigen. Achterliche Winde mag sie nicht.

Die Sailomat ist mit über 7500 Mark sehr teuer, aber viele Segler geben das Geld dafür gerne aus, denn keine andere Anlage steuert derart präzise auch unter Spinnaker-Kursen. ›Lebendige‹ Schiffe mit getrennter Kiel-Ruder-Anordnung sind mit der Sailomat optimal bedient. Die Anlage arbeitet auf sieben Meter langen Kleinkreuzern ebenso gut wie auf 25 Meter langen Rennyachten. Naomi James umsegelte als erste Frau mit solch einer Anlage einhand den Globus.

Große, schwere Boote mit durchgehendem Kiel und hohem Ruderdruck sind mit einer Aries am besten bedient. Es ist unmöglich, den Ruderausschlag der Selbststeueranlage per Hand zu korrigieren. Die Aries entwickelt wesentlich höhere Ruderdrücke als ein Mensch. Daraus ergeben sich entscheidende Vorteile bei luvgierigen Yachten. Mittelschwere Stürme steuert die Aries sicher aus und nichts bricht ohne Vorwarnung. Bei der Aries sind es die Steuerleinen, die auch unterwegs mit Bordmitteln leicht ausgewechselt werden können. In ihrer Einfachheit und der extrem robusten Konstruktion ist der makellose Ruf dieser Anlage begründet. Nachteilig ist das Gewicht von annähernd 36 kg, das eine Verwendung bei kleinen Seekreuzern verbietet. Das Heck würde überlastet werden. Auf unserem Langkieler fahren wir die Aries erst nach den beiden Atlantiküberquerungen und sind damit sehr zufrieden.

Elektrische Autopiloten sind im Kommen. Bisher vertraute ich ganz auf eine englische Autohelm 3000 Selbststeueranlage, die mittels Batterie und einem kleinen Präzisionsmotor das Schiff per Kompaßeinstellung genauestens steuern kann. Der Gievwinkel kann auf 2,5 und 15 Grad eingestellt werden. Damit werden die Einschaltzeiten verkürzt. Inzwischen gibt es verschiedene andere Autohelm-Anlagen für Pinnensteuerung und für größere Radsteuerungen. Unsere Autohelm 3000 arbeitet bis sechs Windstärken seit 12 000 Seemeilen ohne Probleme. Über sechs Windstärken reicht der Ruderdruck nicht mehr aus, der Keilriemen rutscht, die Steuerwirkung geht verloren. Wenn es wirklich zur Sache geht, muß per Hand gesteuert werden. Die Nachteile dieser Keilriemen-Anlage gleicht die neue Autohelm 5000 aus, die mittels Zahnrad und Kette die Steuerbefehle an den Ruderquadranten weitergibt. Bei leichtem Wind oder unter Motorfahrt arbeiten alle Autohelms bis auf zwei Grad kursgenau. So präzise steuert über Stunden kein Steuermann. Ich benutze meine elektrische Anlage also unter Motor und bei sehr leichtem Wind, den Rest steuert jetzt die Aries. Das spart Batterie-

116

strom. Dadurch bleibt fürs Navigieren, Kochen und zum Schlafen mehr Zeit. Eine Atlantiküberquerung ohne Selbststeueranlage sollte niemand ins Auge fassen.

Auf den superschnellen Mehrrumpfyachten ist die elektrische Autohelm 2000/3000 heute das Standardgerät. Der Grund: eine herkömmliche Windfahnenanlage reagiert viel zu langsam auf die Beschleunigungsphasen, wenn die 25 Knoten schnellen Kats in Böen beschleunigen. Eine elektrische Selbststeueranlage hält unter diesen Bedingungen unbeirrt den Kurs. Rund-um-die-Welt-Sieger Philippe Jeantot ließ seine Yacht bei leichten Winden auch von der Autohelm steuern: »Erst die Kombination von zwei Systemen bietet unter allen Windverhältnissen optimale Steuerbedingungen. Unter zwei Windstärken steuert keine windabhängige Selbststeueranlage ausreichend genau.« Selbstverständlich ist der Batteriestrom-Verbrauch bei einer elektrischen Selbststeueranlage ein Problem.

Alle drei Tage muß der Hauptdiesel schon für zwei Stunden laufen, sonst wird auch eine 240-Ampère-Batterie leergenuckelt. Bei der Autohelm merkte ich das zu spät, weil sie auch mit 11 Volt noch einwandfrei arbeitet. Fazit: Motor war nicht mehr zu starten, wir mußten 14 Tage Ruder gehen. Deshalb habe ich mir jetzt eine Aries gekauft, die keinen Strom braucht.

# FÜNFTER TEIL

# Sicherheits-Ausrüstung für Langfahrten

## DAS RICHTIGE BEIBOOT: ÜBERLEBENSFRAGE

Nach 32 Tagen löste sich die acht Jahre alte, geschenkte Rettungsinsel immer mehr auf. Sie zerfiel nach und nach in ihre Bestandteile aus Gummi, Leinwand und Vulkanisiermittel. In wenigen Tagen würde Douglas Robertson mit seiner Familie im Pazifik ertrinken. Die völlig entkräftete Mannschaft stieg um in das alte Kunststoff-Beiboot, das sie hinter der Rettungsinsel hergeschleppt hatte. Douglas Robertson improvisierte ein Segel, errichtete aus zwei Rudern einen Masten und segelte nach 38 Tagen ins Leben zurück. Nur wenige Meilen von der südamerikanischen Küste entfernt entdeckte sie ein koreanischer Fischdampfer. Dank einer ungewöhnlich moralischen Festigkeit hatte die Familie überlebt. Bis vor wenigen Jahren war es die längste Odysee, die Schiffbrüchige in einem kleinen Boot verbracht hatten.

Die beiden Eheleute Bailey schlugen den ›Überlebensrekord‹ der Familie Robertson; sie verbrachten 119 Tage in ihrer Rettungsinsel und einem mitgeschleppten, aufblasbaren Beiboot. Der Grund für den Schiffbruch? Beide Yachten waren durch Wale versenkt worden!

Vor unserer Atlantiküberquerung studierten wir jahrelang alle verfügbaren Berichte von Schiffsbrüchigen, die sich aus eigener Kraft retten konnten. Das richtige Beiboot spielt dabei neben der physischen und psychischen Leistungsfähigkeit eindeutig die wichtigste Rolle.

Auf dem Atlantik muß ein Schiffsbrüchiger unter Umständen über 2000 Seemeilen in seiner Rettungsinsel treiben, bis Land in Sicht kommt. Im vergangenen Jahr trat ein amerikanischer Einhandsegler den Beweis dafür an. Wenige hundert Meilen nach den Kanarischen Inseln rammte seine neun Meter lange Kunststoffyacht ein Unterwasserhindernis. Vermutlich war es ein halbgesunkener Baumstamm. Die Yacht sank innerhalb einer Viertelstunde. Nach 72 Tagen kroch der Schiffsbrüchige auf einer der karibischen Inseln wieder an Land. Passatwinde und Strömung hatten ihn den Atlantik auf fast völliger Breite in der Rettungsinsel überqueren lassen.

Mit dieser Horrorvision muß man als Langstreckensegler leben.

An der Ostsee ist das richtige Beiboot fast kein Thema. Hauptsache, die Schüssel schwimmt. In der Karibik braucht man täglich das Beiboot, weil Anlegestege die Ausnahme sind. Für die Atlantiküberquerungen ist das Beiboot die ›letzte Chance‹. Die Frage, ob aufblasbares Beiboot oder festes GFK, Holz- oder Aluminium-Beiboot, muß jeder für sich selbst lösen. Jedes System hat seine Stärken und Schwächen. Entschieden wird der Kauf meist durch die leidige Platzfrage: Wohin mit dem sperrigen Ding? Wir haben ein DSB-Beiboot aus Kunststoffgewebe an Bord, das mit einer Preßluftflasche innerhalb einer Minute startklar ist. Dann führen wir noch ein Segeldingi umgedreht auf Deck mit. Bei unseren sechs und sieben Meter langen Kleinkreuzern hatten wir nur ein kleines, 2,60 Meter langes, aufblasbares Beiboot dabei. Die Kombination von einem festen und einem aufblasbaren

Beiboot erscheint wie unnötiger Luxus. Dennoch würde ich jedem Segler diese Kombination empfehlen, sofern er genügend Platz an Bord hat.

Bei beiden Bootstypen wurden in den vergangenen Jahren beachtliche Fortschritte erzielt. Feste GFK-Dingis haben ausgeschäumte Abteilungen, die sie auch bei voller Beladung schwimmfähig halten. Zusätzliche Kentersicherheit bieten neue Kenterschutzschläuche, die wie eine dicke Wurst rund um den Seitenbord gestülpt werden: ein Beiboot mit Rettungsring. ›Add the Buoy‹ heißt das System. Bisher wird es nur in Amerika und England ausgeliefert. (Adresse im Anhang.) Mit diesem Rettungskragen kann jedes normale GFK- oder Aluminium-Beiboot bestückt werden. Es verbindet die Kentersicherheit eines Schlauchboots mit der Robustheit eines starren Dingis. Im harten Bordbetrieb haben sich die hochwertigen Schlauchboottypen aus mehrschichtigem Hypolengewebe bewährt. 300 Mark billige Weich-PVC-Kunststoff-›Badewannen‹ aus dem Versandhandel sind für den strapaziösen Einsatz an Bord einer Yacht kaum geeignet. Ein gutes, aufblasbares Beiboot kostet wie ein GFK-Kunststoffboot zwischen 1500 und 2500 Mark.

Der wesentliche Vorteil eines festen GFK-Dingis ist für mich die Nutzung als besegelbares Rettungsboot. Dazu habe ich mir ein 10 m² großes, doppeltes Passatsegel aus leuchtend rotem Dacron nähen lassen. Ein in eine Nut einschiebbares Dach aus verrottungsfestem Kunststoffgewebe bietet Schutz vor schlechtem Wetter oder intensiver Sonneneinstrahlung. Mit diesem 3,40 Meter langen Beiboot segle ich zu dritt und mit weiteren 40 kg ›Überlebensgepäck‹ im Passat mit 2 − 3 Knoten Fahrt. Je Etmal (24 Stunden) lege ich zwischen 50 und etwa 65 Seemeilen unter Atlantikbedingungen zurück. Nach spätestens 50 Tagen werden wir festen Boden unter uns haben. Vor der ersten Atlantiküberquerung ließen wir uns drei verschiedene

120

Besegelungen nähen: Luggersegel wie bei einer arabischen Dau; Slup mit Rollfockeinrichtung, wie es für Schlauchboote angeboten wird, und das doppelte Passatsegel.

Das großflächige Luggersegel eignet sich hervorragend für leichten Wind. Aber die Reffeinrichtung ist unbefriedigend. Zudem muß das Boot ununterbrochen von Hand gesteuert werden.

Bei der Slupbeseglung mit Rollfock ergaben sich die besten Segeleigenschaften, aber das gesamte Rig war viel zu sperrig.

Das doppelte Passatsegel kann bei stärkerem Wind zusammengeklappt werden, weil es am Vorliek zusammengenäht ist. Eine Halbierung der Segelfläche ist deshalb jederzeit möglich. Führt man beide Schoten über Blöcke zur Pinne, kann eine Selbststeuerung unter achterlichen Passatwinden erzielt werden.

Der Mast besteht aus drei Spieren, die klein zusammenlegbar sind. Das ganze Rig wiegt nur sechs Kilogramm. Daß auch besegelte Schlauchboote als Rettungsboote eingesetzt werden können, bewies der belgische Weltumsegler Patrik van God. Er segelte bei grimmiger Kälte und mehreren schweren Stürmen bis nach Feuerland. Seine Yacht war in der Antarktis mit einem Eisberg kollidiert und nach drei Stunden gesunken.

Eine Rettungsinsel führe ich auch noch an Bord. Mehr um mein Gewissen zu beruhigen und als Alibi gegenüber meiner Kaskoversicherung. In Küstennähe ist eine Rettungsinsel allen anderen Systemen überlegen. Aber 2000 Seemeilen voraus ohne Land in Sicht?

Mit erscheint die Zukunft in einem wohl nassen, kippligen, besegelten GFK-Dingi mit einem umfangreichen Überlebenspaket an Bord immer noch erstrebenswerter, als das trübe, passive Dahinvegetieren in einer steuerlosen Rettungsinsel. So ähnlich fühlten sich die meisten Segler, die ich nach wochenlangen Fahrten übers offene Meer interviewt hatte. Hilf Dir selbst, dann hilft Dir Gott.

## Eine Marktlücke, das Rettungsbeiboot

Bewährte GFK-Beiboote, die sich auch für den Rettungseinsatz eignen, sind äußerst selten. Gary Hoyd in Amerika fertigt neben seinen Freedom Yachten solch ein sturmtaugliches Beiboot. In England sind die Dell Quay Dorys bewährt. Aus Skandinavien kommen die Therhis- und Jofa-Beiboote, die für ihre Seetüchtigkeit bekannt sind.

Praxisgerechte, strapazierfähige aufblasbare Beiboote liefern Avon, Zodiak, DSB, Wiking und Bombard. Teuer, aber ungewöhnlich gut verarbeitet sind die Pichel-Schlauchboote aus Köln. Auf Wunsch kann dort fast jede Bootsform zusammenvulkanisiert werden. Die Lebensdauer der besten Schlauchboote liegt unter tropischer Sonne und täglichem Gebrauch bei maximal sechs Jahren. Ein gutes GFK-Dingi hält praktisch unbegrenzt. Jeder Schaden kann mit Bordmitteln repariert werden. Für viele Langstreckensegler das wichtigste Argument für das feste GFK-Boot. Wählt man nun ein festes oder ein aufblasbares Beiboot, bei jedem Typ müssen zusätzliche Halteösen für Rettungszubehör angebracht werden.

Bei den deutschen Schlauchbootfirmen steht man diesen Wünschen durchaus offen gegenüber. Nachträglich selbst anvulkanisierte Halteösen sind meist weniger stabil als die Fabrikausführung. Die Schlauchbootwerke arbeiten mit speziellen Vulkanisier-Zement-Klebern, die unter Hitze chemisch reagieren und sich fast unlöslich mit der Hypolenhaut verschweißen. Normales Reparaturmaterial ist reiner Klebstoff, der bei Kälte bricht und bei zu großer Hitze flüssig wird. Ein Notbehelf — nicht mehr.

Eine stabile, zusätzliche Zugleine, die rings ums

Schlauchboot mit aufvulkanisierten Beschlägen befestigt wird, ist nach der DIN-Normung heute Vorschrift. In der Karibik wird das Beiboot zwischen den naheliegenden Inseln hinterhergeschleppt. Dabei treten Zugbelastungen auf, für die üblichen Zugösen viel zu schwach sind. An dieser zusätzlichen Leine kann im Seenotfall auch der Treibanker befestigt werden!

Wesentlich leichter wird ein starres Beiboot mit dem Hinterherziehen fertig. Zusätzliche Versteifungen der Schale lassen sich rasch und preiswert mit GFK-Matten herstellen. Einlaminierte Sperrholz- oder besser Aluminiumstreifen erhöhen die Ausreißfestigkeit ganz erheblich. Die Druck- und Zugbelastung auf die durchgebolzten Befestigungsschrauben verteilt sich auf eine größere Fläche. Eine Kombination aus einer Rettungsinsel und aufblasbarem Beiboot liefert der französische Schlauchboot-Spezialist Bombard.

Bei Zodiak und der DSB (DSB-Dingi) wurden zwei sehr gute Rettungsschlauchboote aus dem Programm genommen, weil die Nachfrage zu gering war. Für eine kleinere Schlauchboot-Werft könnte ein besegelbares Rettungs-Schlauchboot zum heißen Tip für Langstreckensegler werden, die an vielem sparen, aber gewiß nicht bei der Sicherheitsausrüstung.

Viele Blauwassersegler zimmern sich ihr Segel-Dingi selbst aus wasserfestem Sperrholz zusammen, das mit einer Lage GFK-Matten überlaminiert wird. Dadurch lebt das Sperrholz länger und die Wasserdichtheit an den Kanten ist gewährleistet. Das Beiboot wird in der Größe angefertigt, wie es am besten an Deck paßt. Für den kleinen Fährverkehr zwischen Ankerplatz und Ufer mag der Eigenbau genügen.

## Bereit sein für den Notfall: Sicherheitspaket

Tatsachenbericht aus der französischen Yachtzeitschrift ›Voiles‹ vom 14. November 1983: »Es war einfach unglaublich. Ich fand in der Rettungsinsel ein paar durchsichtige Wasserbeutel, die pro Person weniger als einen Liter Trinkwasser ergaben. Der Signalspiegel war matt, damit würde ich niemals ein Flugzeug anblinken können. Die Gummiflicken waren an den Rändern ausgerissen, das Flickzeug eingetrocknet. Womit sollte ich dann ein Loch in der Rettungsinsel flicken? Um uns herum kreisten große Fische, aber das Angelzeug hätte nicht einmal einen dicken Karpfen zur Strecke gebracht.« Jean Paul Delardre überlebte mit seiner Frau und den beiden Kindern. Ein Suchflugzeug fand sie schon nach zwei Tagen zufällig auf einem Routineflug. Was dieser Familie passierte, ist keine Ausnahme. Das Inventar unserer Sportboot-Rettungsinseln spottet jeder Beschreibung. Es ist wirklich beschämend. »Beim heutigen Stand der Rettungstechnik müßte kein Segler mehr an Unterkühlung oder auch an Hitze sterben«, bekannte uns ein SAR-Rettungsexperte: »Die Gesetze und Richtlinien entsprechen aber dem Stand vor zwanzig Jahren; der Konkurrenzdruck zwingt die Industrie dazu, nur eine Minimalausrüstung für höchstens eine Woche beizupacken.« Jeder Segler, der auf Blauwasserfahrt geht, muß dagegen etwas tun. Vier Probleme gilt es zu packen: Schutz vor der Witterung – ausreichende Nahrungsversorgung – Psychische Behandlung – Rettungsnavigation.

## Schutz vor den Elementen

Eine Rettungsinsel ohne dichtsitzendes Dach ist kein Rettungsmittel. Alle Rettungsinseln für den Gebrauch auf hoher See sind mit einem automatisch aufblasbaren Dach ausgerüstet. Die wenigsten haben genügend ›Fenster‹, das verstärkt die Einsamkeit und fördert die Seekrankheit. Bei ›Inshore‹-Rettungsinseln fehlt das Dach!

Ein doppelter, aufblasbarer Boden ist unbedingt erforderlich. Keine Vorschrift zwingt den Hersteller dazu. Dabei ergibt erst ein doppelter Boden die dringend notwendige Isolationsschicht gegen das eiskalte Wasser. Wer am Boden spart, hat eine wesentlich verringerte Überlebenschance.

Astronauten-Kälteschutzsäcke eignen sich auch als Hitzeschutzsäcke, sofern sie mehrfach beschichtet sind. Eine Seite gegen Hitze, die andere für die Körperrückstrahlung.

Diese Kälteschutzsäcke haben sich im Eismeer und in der Sahara bei Armeeinheiten bestens bewährt. Sie können im normalen Rettungsinsel-Container beigepackt werden.


**Essen und Trinken**


Überlebensrationen der Bundeswehr beschaffen, oder Spezialportionen für Himalaya-Bergsteiger kaufen. Mindestens für 14 Tage.

Eine kleine Gummi-Harpune ist besser als 50 Angelhaken, weil sich viele Fische von der Rettungsinsel angezogen fühlen. Harpune in feste Plastikröhre verpacken. Aus Salzwasser kann Trinkwasser gewonnen werden. Beste Ergebnisse erzielte ich mit einer handlichen Destillationsanlage der Firma Autoflug in Ratingen/Hamburg. Der Geschmack entspricht normalem Regenwasser. Ich habe drei Stück davon in meine Rettungsinsel einpacken lassen. Weitere vier Solarstills sind im Rettungsbeiboot verstaut. Sie wiegen zusammen 1500 Gramm und haben das Volumen einer kleinen Aktentasche. Sie kosten je Stück ca. 360 DM. Tägliche Produktion 1 – 2 Liter Süßwasser unter tropischer Sonne. Gesundheitlich noch tragbar sind Entsalzungstabletten für Starfighter-Piloten. Bei Luftfahrtausrüstern besorgen (Adressen am Schluß). Entgiftetes und entsalztes Seewasser schmeckt seifig wie eine Mischung aus Nudelwasser und Kernseifenlösung.

Für ca. 6500 Mark können auch amerikanische Seewasserentsalzungsgeräte für den Rettungsinselgebrauch vom deutschen Importeur WTP gekauft werden. Das WTP-Gerät arbeitet mit mechanischen Feinfiltern, durch die das Seewasser mit einem Pumpenschlegel gedrückt wird. Funktioniert, aber hoher Kraftaufwand.

### Angst vor dem Durchdrehen

Zweifellos das größte Problem an Bord einer Rettungsinsel. Vorbeiziehende Schiffe sehen oft die Rettungsinsel nicht, dann drehen auch gemütsstarke Menschen durch: »Wir sahen sieben Schiffe im Laufe unserer 119 Tage langen Drift,« erzählte uns Mark Bailey in London: »Inseln passierten wir auf Sichtweite, aber wir konnten nicht rüber, die Abdrift war zu stark. Wir waren der Verzweiflung nahe.« Deshalb gehört ein Notsender heute an Bord jeder Rettungsinsel. Mehr darüber im Kapitel über die richtige Funkausrüstung. Kartenspiele, Schach und ein wasserfester Notizblock sind wichtig. Dazu in der Fotokopie der Überlebensbericht der Baileys und Robertsons.

### Navigation fürs Überleben

Ein flüssigkeitsgedämpfter Taschenkompaß gehört in jedes Rettungsgepäck. Dazu eine sogenannte Überseglerkarte, die das ganze Fahrtgebiet vom Start bis ins Ziel abdeckt.

Bei unseren Reisen wird die Überseglerkarte Nordatlantik in Folie kaschiert und zusammen mit dem wasserfesten Notizblock, Bleistift, bruchsicherem Lineal und dem Taschenkompaß in einem Navigationsbeutel zusammengefaßt. Das ganze Paket wird in Folie eingeschweißt. Der Folienbeutel wird später als ›Kanister‹ für Regenwasser gebraucht.

In der Überseglerkarte sind die wichtigsten Schiffahrtsrouten eingezeichnet. Bei einer Atlantiküberquerung nehme ich noch einen Plastiksextanten, einen Auszug aus dem nautischen Almanach und eine zweite Quarz-Armbanduhr für die Astronavigation mit.

Nicht vergessen sollte man auch die Fotokopien der Reisepässe sowie der Schiffspapiere. Alle Ausrüstungsteile werden in wasserdichte Kanister verpackt.

Natürlich ist die Navigation aus der Rettungsinsel eine sehr theoretische Sache. Sinn hat es dennoch, denn man ist beschäftigt.

Völlig andere Verhältnisse bieten die besegelten Beiboote, die im Notfall auch über einige tausend Meilen seemännisch navigiert werden können. Die Ballonfabrik Augsburg packt mir meine zusätzlichen Ausrüstungsteile in einen Acht-Personen-Rettungsboot-Container und befestigt sie an zusätzlich aufvulkanisierten Halteösen.

Ohne diese zusätzlichen Überlebensrationen würde die Insel in den Sechs-Personen-Container passen. Andere deutsche Rettungsinsel-Fabriken bieten den gleichen Service an.

Neuentwickelte Überlebenssets für Marine-Piloten können dort auch beschafft werden. Überlebensgeräte für die Bohrinsel-Besatzungen werden ebenfalls angeboten, sofern danach gefragt wird. Der Stand der Rettungstechnik ist an sich hervorragend, nur führen Yachtausrüster die meisten Teile nicht in ihrem Sortiment. Die besten Adressen sind Armee- und Marine-Verwertungsstellen, z. B. in Toulon/Frankreich (am Stadtkai), in Long Beach/Kalifornien (an der A1, Army Survival Experts) und bei deutschen Pioniereinheiten.

Die richtige Kraftnahrung bekommt man bei Bergsteiger-Ausrüstungsgeschäften. Hier erhält man auch Sonnenschutzcremes mit dem Schutzfaktor 10 +. Solosegler nehmen für ihre Atlantikrennen neben 2 x 10 Liter Wasser zwei Kilo Traubenzucker, ein Kilo Karamelbonbons und etliche Dosen Cola mit. Zur Not überlebt ein Mensch nur mit Cola-›Ernährung‹ über 50 Tage, wie ein wissenschaftlicher Versuch an der Universität in Los Angeles kürzlich bewiesen hat.


### Medizin an Bord der Insel

Starke Schmerzmittel, Valium Stärke 5 gegen Depressionen, Seekrankheitstabletten oder besser noch Zäpfchen sollten neben Sonnenschutzmitteln unbedingt dabei sein. Persönliche Arzneien müssen routinemäßig jedes Jahr erneuert werden.

Ein Trost zum Schluß: Wer die ersten sieben Tage heil im Kopf überlebt, steht auch noch ein paar weitere Wochen durch. Die Robertsons hatten am Ende ihrer 79 Tage langen Fahrt in der Rettungsinsel und im Beiboot fast ihr normales Körpergewicht wieder erhalten, nachdem ihnen mit Hilfe einer selbstgebastelten Harpune der Fischfang ermöglicht wurde. Mit Angelhaken allein wären sie wohl verhungert oder verdurstet.

## RETTUNG DURCH DEN SATELLITEN:
## SEENOTSENDER

Auf amerikanischen Yachten gehören Seenot-Sender zur normalen Sicherheitsausrüstung. Kasko-Versicherungen schreiben Notsender vor, sofern das Fahrtgebiet weiter als 50 Seemeilen von der Küste entfernt verläuft.

Bei uns gibt es für Yachten keine Funkausrüstungs-Pflicht. Dennoch bieten Notsender zusätzliche Sicherheit, die jeder in Anspruch nehmen sollte.

Marine-UKW-Sprechfunk-Geräte sind in der Reichweite vergleichbar mit einem guten Fernglas. Über 30 – 40 Seemeilen weit reicht kein UKW-Gerät, weil sich die UKW-Wellen geradlinig ausbreiten. Droht im Küstenbereich der Untergang, meldet sich über den Internationalen Anruf- und Notkanal (16) in der Regel ein Gesprächspartner. Weiter draußen wird ein UKW-Notruf zur reinen Glücksache.

Wie ist die Situation auf dem offenen Meer? Auf meinen Langfahrten begegnete ich zwar häufig anderen Yachten und Frachtern, aber eine Sprechverbindung über UKW-Funk war in den seltensten Fällen möglich. Es ist also eine reine Augenwischerei, wenn man sich mitten auf dem Atlantik vom UKW-Funk Hilfe erhofft!

Viele Segler haben ein kleines Handsprechfunk-UKW-Gerät für die Rettungsinsel dabei. Das ist besser als gar nichts. Vielleicht bringt eine glückliche Vorsehung einen Frachter in Rufweite heran. Mehr Erfolg verspricht ein kleiner Notsender – EPIRB – genannt, der auf der zivilen und militärischen Notfrequenz 121,5 und 143,0 mgz automatisch ›SOS‹ funkt. Flugzeuge empfangen die Notsignale. Auf Langstreckenflügen schalten die Piloten ihr zweites Empfangsgerät auf die Internationale Notfrequenz. Kommt das Signal des Notsenders an das Empfangsgerät durch, wird Alarm ausgelöst. Der Notsender kann nun vom Jumbo-Piloten direkt angepeilt werden. Die erste Standlinie zum Havaristen steht. Aber erst eine zweite Peilung von einem zweiten Flugzeug bringt die Kreuzpeilung und damit den präzisen Ort des Notsenders.

Ende 1982 wurden die Chancen der Funkortung erheblich verbessert. Die UdSSR und Kanada schickten je einen Satelliten ins All, der auf der gleichen Notfrequenz (121,5 + 243,0) reagiert und vollautomatische Peilungen zum Havaristen ausführt. Bis Ende 1984 werden noch zwei weitere ›AIR + RESCUE‹-Satelliten die Erde umkreisen, und damit jeden Punkt der Erde auf Notsignale abhorchen. Die Erfolge sind nicht ausgeblieben.

187 Seeleute und einige Flugzeugbesatzungen wurden vor dem sicheren Tod gerettet. Eine Erdumrundung eines Satelliten dauert 90 Minuten. Die Suche nach den Überlebenden einer Schiffskatastrophe kann jetzt viel rascher eingeleitet werden, als es bisher der Fall war. Einer hat's ausprobiert. Der amerikanische Trimarankonstrukteur und Rennsegler Walter Greene wurde mit Hilfe der Satelliten gerettet, als sein Schiff kopfüber ging: »Wir überschlugen uns bei acht Windstärken, als eine Riesenwelle den Tri anhob und auf den Mast stellte. Ich tauchte und bekam den Notsender zu fassen, der im Cockpit gehaltert war. Sieben Stunden nach dem ersten Pieps waren wir wieder in warmen Klamotten.« Der große Vorteil dieser nur knapp 1000 Mark teuren EPIRB-Notsender liegt in der Robustheit des Aufbaus. Knallharte Falltests müssen diese Geräte über sich ergehen lassen. Sie sollen ja auch nach einem Flugzeugabsturz noch funktionieren. Auch Privatflugzeuge müssen in Amerika damit ausgerüstet sein. Bei uns sind EPIRBS nur für kommerzielle Geschäftsflugzeuge vorgeschrieben. Wasserdicht mit Silicon vergossen, schwimmt der Notsender aufrecht im Wasser. Nur einschalten muß man ihn und die Klappantenne ausziehen.

Die bewährtesten Geräte liefern NARCO, LOCAT

und ACS. Geräte gibt es bei guten deutschen Funkausrüstern. Der Nachteil der Geräte soll nicht verschwiegen werden.

Es ist nur einseitiger Funkverkehr möglich. Der Notsender sendet, kann aber nicht empfangen. Eine zweigleisige Sprechfunkverbindung ist also nicht möglich. Beim derzeitigen Stand der Seenotrettungsgeräte ist neben einem HAM-Funkgerät − siehe nächstes Kapitel − ein EPIRB-Seefunk-Gerät das beste Mittel, schnell gefunden zu werden.

Mein NARCO-EPIRB ist im Cockpit griffbereit plaziert. Eine reißfeste Leine verbindet es mit dem Rettungs-Beiboot und den Verpflegungskanistern.

Tritt der Notfall ein, werfe ich nach und nach alle Rettungsgeräte über Bord, die wiederum mit 8-mm-Dacron-Tampen verbunden sind. Zwei Leinen sind fest mit dem Schiff vertäut: die Beibootleine und die vier Rettungskanister mitsamt dem Seenotsender. Reißt eine der beiden Leinen, bleibt immer noch eine Verbindungsleine zum Schiff bestehen.

Auch im Küstenbereich haben die EPIRBs schon hunderten von abgestürzten Piloten und Seglern das Leben gerettet. Jeder Düsenjägerpilot hat solch einen militärischen Notsender in Zigarettenschachtel-Format im Overall dabei. Stürzt er ab, sendet der Notsender automatisch.

Alle militärischen Such- und Überwachungsflugzeuge können dann den Notsender direkt anpeilen. Bei diesen Suchflugzeug-Peilgeräten ist eine Standortbestimmung auch mit einer Standlinien-Peilung einwandfrei möglich.

In Deutschland sind die SAR-Hubschrauber und natürlich auch die Küstenrettungsboote der Deutschen Gesellschaft zu Rettung Schiffsbrüchiger mit den geeigneten Peilgeräten ausgerüstet. Es versteht sich wohl von selbst, daß jeder verantwortungsbewußte Segler sein EPIRB nur im äußersten Notfall aktiviert.

In Amerika liefen schon Coast-Guard-Rettungsboote und eine Hubschrauber-Staffel aus, weil ein Motorboot-fahrer wegen Spritmangels sein EPIRB losfunken ließ, obwohl eine Sprechfunkverbindung mit dem eingebauten UKW-Gerät ohne weiteres zur nächsten Küstenfunkstelle möglich gewesen wäre. Fazit: 2000 Dollar Geldstrafe. In der Revisionsverhandlung wurde der übereifrige Motor-boot-Fahrer freigesprochen.

Das zeigt die Problematik der Seenotrettung mittels automatisch arbeitender Seenotsender. Ein hohes Maß an Verantwortung muß bei diesen Geräten vorausgesetzt werden. Nach jahrelangem Zögern hat jetzt auch die deutsche Bundespost EPIRB-Notsender auf deutschen Schiffen zugelassen. Eine Ausrüstungspflicht besteht aber auch weiterhin nicht. Bei einer Atlantiküberquerung halte ich solch ein Gerät für eine gute Sache, quasi eine zweite Verteidigungslinie, wenn die normale Funkverbindung durch Mastbruch oder kollapierende Batterien via UKW-Funk oder HAM-Funkgeräten ausfallen sollte.


RADIOEMPFANG – WELTWEIT


In älteren Segelbüchern wird seitenlang über die Vorzüge spezieller Seempfänger berichtet. Vor 25 Jahren mußte man tatsächlich einen halben VW-Käfer auf den Ladentisch legen, dann bekam der Yachtie auch mitten auf dem Atlantik die Deutsche Welle rein. Seit drei Jahren bieten alle großen japanischen und deutschen Radiofabrikanten Kurzwellen-Radios an, die ungleich besser sind als vor 25 Jahren und nur noch zwischen 400 und 1000 Mark kosten.

Grundsätzlich kann jeder mittelstarke Kurzwellensender auf dem Atlantik mit Hilfe einer Achterstagantenne einwandfrei empfangen werden. Spezielle seetaugliche Bordempfänger gibt es wohl immer noch für die kommer-

zielle Seefahrt zu kaufen, aber mit unseren ›wasserdich-
ten‹ Booten hält auch ein preiswertes Kurzwellen-Haus-
und Hof-Gerät über Jahre.

Empfehlenswerte Geräte sind der Grundig 600, 3000,
die National DR 49 und verschiedene Sony KW-Empfän-
ger. Bei diesen und anderen Geräten können die Frequenzen einmal per Hand eingetippt werden. Dann sind sie ge-
speichert und können immer wieder neu zurückgerufen
werden. Ein Tip am Frequenzknopf und die Deutsche
Welle ist drin.

Wichtig ist das Frequenzhandbuch ›World Radio TV
Handbook‹, das jährlich neu aufgelegt wird und sämtliche
kommerziellen Sender auflistet. Je nach Tageszeit muß eine andere Frequenz des gleichen Senders eingegeben werden, dann ist der Empfang einwandfrei. Das Handbuch
verkaufen alle besseren Funkläden in Deutschland und
auch im Ausland.

Auch kombinierte UKW-, Mittel-, Lang- und Kurzwel-
len-Empfänger sind brauchbare Geräte auf großer Fahrt.
Wetterberichte gibt es nicht nur auf Kurzwelle, sondern
auch auf lokalen Sendern. Nähert man sich den Karibischen Inseln, wird man als ersten einen amerikanischen
Missionssender auf UKW und Mittelwelle hören, der mit
der stärksten Sendeleistung arbeitet. Dann kommt Reg-
gae-Sound durch Radio Barbados ans Ohr. Jetzt kann na-
vigatorisch kaum mehr etwas schiefgehen. In den nächsten
zwei Tagen ist Land in Sicht.

Der einzig wichtige Grund, weshalb ein Kurzwellenempfänger mit dem Frequenzband von 1,6 − 30,0 MHz an
Bord sein muß, ist die regelmäßige Kontrolle der Zeitzeichensender WWV und WWVH, die auf 2,5, 5, 10, 15 und
häufig auch auf 20,25 MHz rund um die Uhr die genaue
Mitteleuropäische Uhrzeit (GMT oder Universal Time)
ansagen. Damit wird die Borduhr für die Astronavigation
kontrolliert.

Auch ohne Bordempfänger kommt man mit den genaugehenden Quarzuhren zurecht, aber die exakte Uhrzeit beruhigt den Navigator ungemein.

Die Zeitzeichensender WWV und WWVH liefern auch stündliche Wetterberichte, die weit besser sind als die meisten lokalen Landwetterberichte. Englisch muß man allerdings beherrschen. Ich zeichne die Wettermeldung mit einem Kassettenrekorder auf und höre ihn dann mit langsamerer Drehzahl ab, sofern die Ansage nicht ganz klar zu verstehen war.

Weil doppelte Sicherheit immer angebracht ist, habe ich noch einen zweiten Stereo-Kassettenrekorder mit UKW, Mittel-, Lang- und Kurzwelle dabei. Dieses preiswerte Grundig-Gerät spielt unsere Musikkassetten seit Jahren einwandfrei ab und liefert uns das Zeitzeichen und die wichtigsten Kurzwellensender problemlos ins Schiff.

Verzichten muß man bei solchen Kompakt-Rekordern auf die Amateurfunk-Wellenbänder, die zwischen 14 100 und 14 350 sowie zwischen 21 150 und 21 450 MHz angelegt sind. Diesen Bereich decken die billigen Mehrbandgeräte nicht ab. Hier noch einige Amateur-Frequenzen, die rund um die Welt zu einheitlichen Zeiten empfangen werden: Maritime Mobil: 12 und 24 GMT 14 320 MHz; Pazifik Maritime Net: 5,30 GMT 14 313 MHz; Pazifik Interislands Net: 8,00 GMT 14 131 MHz.

Auch mit einem normalen Handfunkpeiler lassen sich Radiosender im Lang- und Mittelwellenbereich in Küstennähe empfangen. Die Klangqualität befriedigt nicht, aber Zeit und Wetter lassen sich verstehen. Die Lebensdauer der Bord-Radios richtet sich nach der Luftfeuchtigkeit. Auch gute Empfänger oxidieren nach wenigen Jahren. Eine Lebensdauer von fünf Jahren ist ein Erfolg.

Musikkassetten behalten unter tropischen Temperaturen nur für wenige Monate ihre Klangqualität bei. Die Feuchtigkeit schadet der Mechanik. Deshalb sollen Kas-

134

setten, Radio- und Funkgeräte gut belüftet sein. Ich bewahre meine besten Kassetten mit einer Silicel-Packung auf, die alle Feuchtigkeit aufsaugt. Eine Abdeckung aus Plexiglas gegen Spritzwasser hält mein Radio und Funkgerät auch bei offenem Luk spritzwasser-geschützt.

## AMATEURFUNK AUF YACHTEN: AUS DEM LOG EINER MICKEY MOUSE

Horta. (Insel Faial, Azoren) – Kreuzweg der Weltumsegler. Etwa 40 Fahrtenschiffe aller Nationalitäten ruhen sich im geschützten Hafenbecken aus. Monatelanges Kreuzen in Süd- und Mittelatlantik haben alle hinter sich.

Es ist 0700 UTC (Mittlere Greenwich-Zeit) und mein Skipperalltag beginnt damit, daß ich die Antenne aufs 20-m-Band abstimme und den Frequenzzähler des Drake TR 7 auf 14.313,0 Mhz einstelle.

Dies ist Intermar, das internationale Maritim-Mobil-Netz zur Funkbegleitung von Schiffen mit Amateurfunk. Wir hören von 07.00 bis 08.00 Uhr und von 10.00 bis 11.00 Uhr UTC. Netcontrol von DJ4UQ, Gerd in Hanau. Beamrichtung 270°. Ich rufe Yachten aus dem Pazifik. »Please check in now.« Fogve kommt mit R5, S7 herein (R = Lesbarkeit, 5 = ›einwandfrei lesbar‹, S = Signalstärke, 7 = mäßig starkes Signal). Ich freue mich, daß Klaus die Überfahrt von den Galapagos nach Französisch-Polynesien gut geschafft hat.

Bald danach ›geht das Band zu‹, die Signale werden schwächer und Gerd schwenkt seine ›Quad‹ nach SW, ›beamt‹ in die Karibik und in den Mittelatlantik.

Bob (WA6TRT/MM) auf der amerikanischen ›Moongirl‹ checkt ein. Ich kann ihn leider nicht direkt lesen. Er ist in oder nahe der toten Zone des 20-m-Bandes, der ist

135

›donald-ducking‹ – wegen zu geringer Batteriespannung (chronische Krankheit aller Mickey-Mäuse) kommt Frequenzmodulation auf.

Gerd, bestens ausgerüstet mit Mehrelementdrehrichtstrahler, kraftvoller Endstufe, Filtern, Sprachkompressor usw. macht ›QSPaula‹ und auf dem Umweg über Hanau kann ich Bob die gewünschten Informationen zum Anlaufen des winzigen Naturhafens Santa Cruz auf der Nachbarinsel Flores geben, die sich in keinem Seehandbuch finden.

Drei Tage später läuft Bob ein. Er muß total erschöpft sein. Sein elektrischer Autopilot fiel am dritten Tag aus und so mußte Bob 16 Tage lang sein ultraleichtes, nur ca. sechs Meter langes ›offshore racing dingi‹ mit minimalen Schlafpausen rund um die Uhr steuern.

Ich helfe ihm beim Ankern und wenige Minuten nach dem Einlaufen sitzt Bob in unserer Kajüte vor einem ofenwarmen Wiener Apfelstrudel. »Ich konnte nicht mehr,« erzählt er. »Ich hing über der Pinne und habe geheult. Aber Gerd gab mir über das »ham« (Amateurradio) Kraft zum Weitermachen!« Es klopft an die Bordwand und Lars, ein norwegischer Skipper und Radioamateur, der unser QSO mitgehört hat, bringt eine Platine für den Autopilot. Als Bob uns schließlich verläßt, streichelt er im Vorbeigehen mit seinen zerschundenen, vom Salzwasser aufgequollenen Händen den Drake. . . Diese kleine Szene aus dem Alltagsleben eines Fahrtenseglers zeigt, was Amateurfunk leisten kann. Aber das ist noch längst nicht alles:

**Amateurfunk – Helfer in allen Lebenslagen**
Über Amateurfunk erhält der Skipper:

## ● Informationen

*Wetter*
Heinz (DL3CL) gibt um 10.30 UTC auf ›Intermar‹ den
Wetterbericht. Als Diplommetereologe i. R. ausgerüstet
mit zwei Wetterkartenschreibern (Hell BS 137 und Japan
Radio Company JAX 21, der auch Satellitenbilder auf-
zeichnet), kann er für jedes Gebiet der Erde eine auf die
Bedürfnisse des jeweiligen Skippers abgestimmte Wetter-
vorhersage erstellen. Angenehm ist die Möglichkeit der
Rückfrage.
Arno (DKSS), einer der Gründer des Intermar-Netzes,
ist Berufsfunker und liest die in hoher Geschwindigkeit in
Telegrafie ausgestrahlten Seewetterberichte auf Kurzwelle. Dieser stellt eine außerordentlich wertvolle Ergänzung
der gesprochenen Seewetterberichte auf Grenzwelle dar,
die ja nur eine Reichweite von 400 Seemeilen hat.

*Häfen, Ankerplätze*
Die Informationen in Hafenhandbüchern und Seekarten
sind nicht immer ausreichend. Sie sind vor allem für die
Großschiffahrt gedacht. Aus administrativen Gründen
sind sie zwangsläufig mehr oder minder veraltet. Über
Amateurradio erhält der Skipper Informationen aus erster
Hand, zugeschnitten auf seinen Bootstyp. Je mehr Ama-
teure an einem Netz teilnehmen, desto größer ist natürlich
die Chance, die gewünschte Information zu bekommen.
Dazu gibt es Geheimtips zu traumhaften, einsamen Ankerplätzen.

*Formalitäten*
Beispiel: »Lauft hier nicht am Sonntag ein! Da drückt
Euch der Beamte die fünffache Gebühr aufs Auge.
Kommt am Dienstag und bringt eine Flasche Whisky
mit. . .«

*Versorgungsmöglichkeiten*
Ersatzteile, Lebensmittel, Farben, Kosten der Lebenshaltung, Preise für Diesel, Aufslippen und, und, und. Ein Amateurradio macht sich in (Lang-)Fahrtenseglers Alltag sehr schnell bezahlt.

● **Hilfe im Notfall**

Rückrufe bei Krankheit oder Tod von Familienangehörigen, Suchaktionen im Seenotfall, Abbergen bei Auflaufen, ärztliche Beratung, Beschaffung von Medikamenten, Geldüberweisungen. . . Die Radioamateure sind eine verschworene Gemeinschaft. Ihre Hilfsbereitschaft – der ›hamspirit‹ ist sprichwörtlich. Man hat das Gefühl, daß es (fast) nichts gibt, was Radioamateure nicht irgendwie zuwege brächten. . .

● **Moralische Unterstützung**

Dem Einhandsegler, der kleinen Crew (Einhandsegler mit Köchin) auf großer Fahrt ist der Kontakt mit einem mitfühlenden menschlichen Wesen von großer Hilfe.
   Wir sitzen in der ›Williwaw‹, und Willy des Roos, der als Einhandsegler die eisige ›Nordwestpassage‹ bezwang, erzählt mir, wie er zermürbt von den ungeheueren Strapazen über Amateurradio moralisch aufgerüstet wurde: »Kopf hoch, Willy! Halt' durch! Gib nicht auf!
   Ich habe am eigenen Leib erlebt, wie schnell man im Zustand der Übermüdung, der Entmutigung katastrophale Fehler begehen kann und halte diese Funktion des Amateurradios für sehr wichtig. Es ist klar, daß kein ›offizieller‹ Funkdienst diese emotionale Qualität haben kann.
   Amateurfunk an Bord ist eine so wertvolle Sache, daß

wir das Privileg, das der Staat den Amateuren einräumt, nicht durch Mißbrauch aufs Spiel setzen sollten. Es sei daher an die einschlägigen Bestimmungen (z. B. VO Funk 1959, Artikel 41, § 2) erinnert. Was mit angemessenen Mitteln telefonisch erledigt werden kann, gehört nicht in ein QSO!

● **Amateurfunk und andere Funkdienste**

Amateurfunk ist nicht die einzige Kommunikationsmöglichkeit auf Yachten. Auf deutschen Sportbooten ist Amateurfunk derzeit eher die Ausnahme als die Regel. Hier sind uns die amerikanischen Fahrtensegler weit voraus. In den USA ist auch die ›Infrastruktur‹ besser entwickelt. So unterhalten z. B. Krankenhäuser eigene Amateurfunkstationen und geben auf Anfrage medizinische Beratung. Ich habe eine solche Beratung in einem Fall von ›cigatera‹ (tropische Fischvergiftung) mitgehört und konnte diese Erfahrungen später einmal – gerade rechtzeitig – über Intermar an Fritz (DK8M) in der Karibik weitergeben. Es gibt dort auch ›phone-patch‹, d. h. der amerikanische Amateur kann sich über einen ›collect call‹ (eine Art R-Gespräch) in das Telefonnetz der USA und einiger anderer Länder einschalten.

Nach dem Amateurfunkdienst gibt es für Yachten den Seefunkdienst, der aber in erster Linie auf die Bedürfnisse der Groß- und Berufsschiffahrt zugeschnitten ist.

Auf deutschen Yachten am weitesten verbreitet ist das UKW-Telefon. Die Reichweite entspricht etwa der Sichtweite. An unseren heimischen Küsten, im Mittelmeer, an der amerikanischen Ostküste, gibt es eine fast lückenlose Überlappung der Sendebereiche der UKW-Küstenfunkstellen. Man erhält Wetterberichte, Peilungen, Anleitungen zum Anlaufen von Häfen und Hilfe im Seenotfall

(›Mayday, mayday‹). Man kann Telefonate führen und Telegramme aufgeben. Im standby-Betrieb auf Kanal 16 (Anruf- und Notfrequenz) ein praktisches ›Haustelefon‹. Auf Ozeanüberquerungen kann man die Großschiffahrt um die Position oder Durchgabe eines Telegramms bitten. Es gibt aber keine Hörpflicht und der Anruf wird häufig vergeblich bleiben.

Meine Meinung: In Küstenrevieren ist eine UKW-Ausrüstung die etwa 2000 Mark kostet, ihr Geld wert. Auf weltweiter Fahrt kann man sein Geld besser anlegen.

Grenzwelle hat eine Reichweite von 400 Seemeilen. Grenzwelle ist damit nur im erweiterten Küstenbereich sinnvoll. Auf einer Ozeanüberquerung ist die Kontaktchance sicherlich wesentlich größer als mit UKW. Auf der Anruf- und Notfrequenz 2,182 MHz besteht Hörpflicht. Eine Sicherheit, gehört zu werden, besteht aber nicht.

Die vom FTZ zugelassenen Geräte für Kurzwelle sind für eine Yacht viel zu teuer (ca. 10 000 Mark), zu groß und zu schwer. Für die kleine Yacht auf großer Fahrt gibt es derzeit keine Alternative zum Amateurfunk.

**Fazit:**

Nur Amateurfunk gewährleistet die technisch mögliche Sicherheit auf Ozeanüberquerungen. Mit ein bißchen Glück kann der Fahrtenskipper bereits für ca. 500,– DM ein gebrauchtes ›Atlas‹ auftreiben, das kaum größer ist als ein dickes Buch und auf der kleinsten Yacht eingebaut werden kann.

**Der lange Weg zur Lizenz**

Der Grund dafür, daß Amateurfunk auf deutschen Yachten so wenig verbreitet ist, liegt darin, daß man in drei Ta-

140

gen ein Seesprechfunkzeugnis erwerben kann. Das See-sprechfunkzeugnis gilt für UKW, Grenzwelle und Kurz-wellenfunk auf Privatyachten und Handelsschiffen. Zum Erwerb einer Amateurfunklizenz muß man jedoch ein hal-bes Jahr intensive Vorbereitung ansetzen.

Dies ist freilich nur ein grober Richtwert, basierend auf einer *täglichen* Übungszeit von ca. einer Stunde mit soli-den Grundkenntnissen in Physik und . . . Rhythmusgefühl! Denn eine große Hürde liegt in der Fähigkeit, »Texte in Morsezeichen fehlerfrei mit der Hand zu übermitteln und nach Gehör richtig aufzunehmen.« (VO Funk, Art. 41, § 4). Und zwar mit 60 Bpm (Buchstaben pro Minute), was die Beherrschung von ca. 80 Bpm im stillen Kämmerlein bedeutet – als Reserve gegen Prüfungsstreß. Die Vorbe-reitung wird durch das Heft ›Fragen und Antworten zur fachlichen Prüfung für Funkamateure‹ wesentlich erleich-tert, 1982 vom FTZ, 6000 Darmstadt 1, in neuer Auflage und modernisiert herausgebracht. Unbedingt zu empfeh-len ist auch ein Morsekurs auf Kassetten (z. B. vom DARC) und ein Morseübungsgerät.

Den Fahrtensegler, der eigentlich nur ein zweckentspre-chendes Mittel der Kommunikation sucht und kein neues Hobby (segeln ist schon anstrengend und teuer genug), kommt dies natürlich sehr hart an. Es ist aber zu beden-ken:

– erst Morse-Telegraphie (›cw‹, von continuous wave) er-möglicht die amateurfunk-typischen Reichweiten mit geringer Leistung.

Zum einen konzentriert sich die Sendeenergie auf ei-ne einzige Frequenz, anstatt sich über das ganze Fre-quenzspektrum der menschlichen Stimme zu verzetteln. Zum anderen kann das geübte Ohr – unterstützt durch sehr enge Filter – cw durch einen unwahrscheinlichen Störhintergrund lesen. Fällt einmal das Mikrofon aus, so bleibt immer noch die Taste oder – fällt auch die aus –

eine Wäscheklammer mit zwei Reißzwecken als Kontakte...
- Amateurfunk ist nichts für ›Knöpfchendrücker‹. Gottseidank (oder leider, wie man's sieht) spielt die Betriebstechnik – die richtige Wahl von Antenne, Antennenrichtung, Frequenz, Zeitpunkt, Beherrschung der Abkürzungen usw. – eine wichtige Rolle. Ich kenne mehr als einen unlizenzierten Skipper, der aus seinem 5000-Mark-rig nicht einen Pieps herausbrachte...

**Das Wunschgerät**

Das wünscht sich der maritim mobile Amateurfunker:
- Schutz gegen Feuchtigkeit. Am besten natürlich vollkommen wasserdicht, zumindest spritzwassergeschützt. Resistent gegen die korrosiven Einflüsse von hoher Luftfeuchtigkeit, hohem Salzgehalt der Luft, kombiniert mit Tropenhitze.
- Wartungsfreundlichkeit. Aufbau aus möglichst einfachen Komponenten, Modulbauweise.
- Durchgehender Empfang (einschließlich Navigationswelle) und Einsatzmöglichkeit im Rahmen einer Funkpeilanlage.
- Sendemöglichkeit auf den Frequenzen des Seefunkdienstes auf Grenz- und Kurzwelle mit ausreichender Frequenzschärfe und Stabilität, um den Bedingungen des FTZ zu genügen.
- Split-frequenz-Betrieb (Semi-Duplex) zur reibungslosen Verkehrsabwicklung im Seefunkdienst.
- Stand-by Betrieb und Selektivruf
- Regelbare Ausgangsleistung
- kompakt
- Verwendung als Notrufgerät: Solarzelle und/oder Notbatterie, eingebaute Notantenne.

Leider sind die Mickey-Mäuse eine relativ kleine Gruppe von Individualisten und kein ›Markt‹. Trotzdem kommen einige Geräte schon sehr nahe an dieses ›Pflichtenheft‹ heran. Diese Geräte sind derzeit für den Fahrtensegler interessant:

1) Ein kompaktes *Mobil*gerät, wie z. B. der FT 707 S und Tf 757 von YAESU, der ICOM 103 S, der Kenwood 403 S. Die Ausgangsleistung von ca. 100 Watt reicht völlig aus. Der Preis liegt um die 2000,– DM.

2) DRAKE TR7. Auch heute noch ein excellentes Rig mit hervorragenden technischen Daten. Von 0–30 Mhz durchgehender Empfang und Sendemöglichkeit. Allerdings nur auf acht Abschnitten von je 500 kHz. (Zusatzplatine Aux 7 und ICs). Es gibt einen Zusatz-VFO für split-Frequenz-Betrieb. 250 W PEP. In den acht 500 kHz-Segmenten können acht Frequenzen fest bequarzt werden.

3) Der ICOM 730 A erreicht nicht ganz die technischen Werte des DRAKE TR 7, ist aber *sehr* kompakt (110 × 180 × 290 mm) und bietet hohen Bedienungskomfort: durchgehender Empfang von 100 kHz bis 30 Mhz. Nach einem kleinen Eingriff ins Innenleben kann auch in diesem Bereich gesendet werden. Eingebauter zweiter VFO ermöglicht split-Frequenz-Betrieb. Stetig regelbare Ausgangsleistung. Leider ist das Gerät nicht modular aufgebaut. Ansonsten aber darf man es wohl derzeit als das Gerät der Wahl für den Segler ansehen. Der Preis liegt bei 3500,– DM, wobei man berücksichtigen muß, daß man ja einen Seefunkempfänger gespart hat, der in dieser Qualität auch so um die 1200,– bis 1500,– Mark herum kosten dürfte.

**Die ideale Funkbude**

Das Shack – die Funkbude – des Yachties wird in der Regel der Kartentisch sein. Es enthält neben dem Transceiver meist ein Antennenanpaßgerät, ein SWR-Meter und einen Antennenumschalter (sofern diese nicht im Transciever oder in der Matchbox bereits eingebaut sind). Ein Antennenanpaßgerät (›matchbox‹) ist nicht unbedingt notwendig, sofern man nicht das isolierte Achterstag als Antenne benützt. Wenn das Geld knapp ist: Lieber das richtige oder überhaupt ein ham ohne matchbox als ein Rig, mit dem man auf lange Sicht nicht zufrieden ist, oder gar kein Rig. Man kann die matchbox ja nachkaufen. Die *notwendige* Kommunikation läuft auf einigen wenigen Frequenzen; im Extremfall könnte man mit einer Frequenz auskommen. Im Normalfall ist aber eine matchbox sehr nützlich und empfehlenswert. Ein Antennenumschalter ist notwendig, um verschiedene Antennen gegeneinander testen zu können. Wir finden die optimale Antenne erst durch Probieren!

Das Rig sollte mindestens spritzwassergeschützt eingebaut werden. Praktisch ist eine Plexiglasscheibe, die ca. 10 cm vor die Gerätefront gesetzt wird, so daß man von unten noch die Bedienungselemente erreichen kann. Nur im Hafen wird die Scheibe hochgeklappt. Sollte das shack mal ausnahmsweise nicht in Niedergangsnähe sein, entfällt diese Maßnahme. Das Rig und eine Notbatterie sollte so hoch wie möglich im Schiff und so weit wie möglich zur Schiffsmitte hin eingebaut werden, um bei Wassereinbruch noch möglichst lange funken zu können. Leider sind die Platzverhältnisse jedoch meistens sehr beengt, so daß in dieser Hinsicht nicht viel Spielraum besteht.

Es sollten zwei Batterien vorhanden sein: eine Starter- und eine Verbraucherbatterie.

Die Verbindung zur Funkbatterie sollte möglichst kurz sein und einen möglichst großen Querschnitt aufweisen (Batteriekabel). In diese Leitung kommt eine der Leistungsaufnahme des Gerätes entsprechende, schnellan-

144

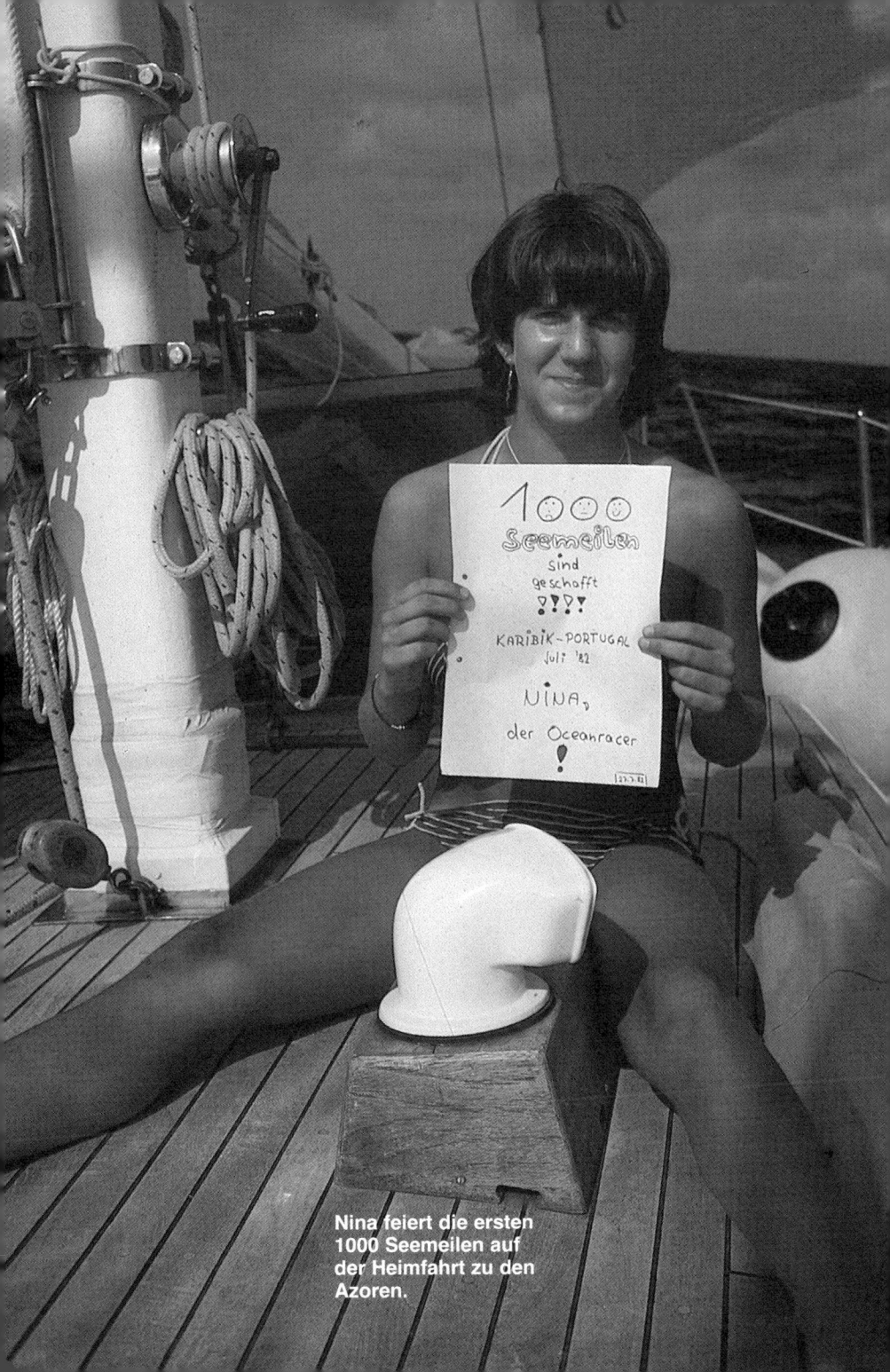

1000
☹ ☺ ☺
Seemeilen
sind
geschafft
❗❓❗
KARIBIK ~ PORTUGAL
Juli '82

NINA,
der Oceanracer
❗

**Nina feiert die ersten
1000 Seemeilen auf
der Heimfahrt zu den
Azoren.**

Begegnungen auf
hoher See. Einer
von 33 Frachtern
kreuzt unseren
Kurs.
Jörg und Ines von
der zwanzig Meter
langen ›Hannover‹
trafen wir 1500
Seemeilen vor der
nächsten Insel.
Der kleine Potwal
hält seinen
Mittagsschlaf.

500 Seemeilen vor den Azoren. Flaute ist oft schlimmer als hartes Wetter.

**Arg zerzaust malt der Autor die gute Ankunft an die Hafenmauer von Horta auf Faial/Azoren.**

**Oben:**
Nach 37 Tagen sehen wir zum ersten Mal wieder Land. Der Vulkan auf Pico/Azoren läßt Dampf ab. Oft sind die Nebelschwaden so stark, daß mancher Segler schon an den Azoren vorbeigesegelt ist.

**Rechts:**
Lagos ist der erste portugiesische Hafen in Europa.

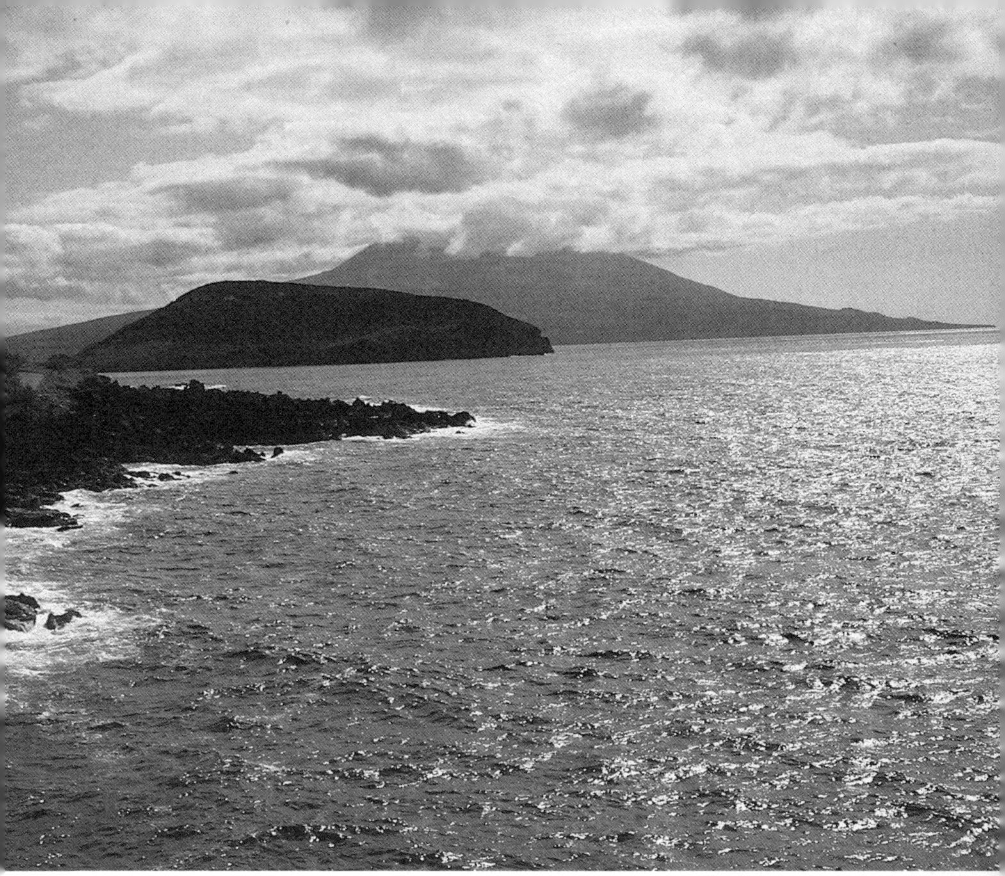

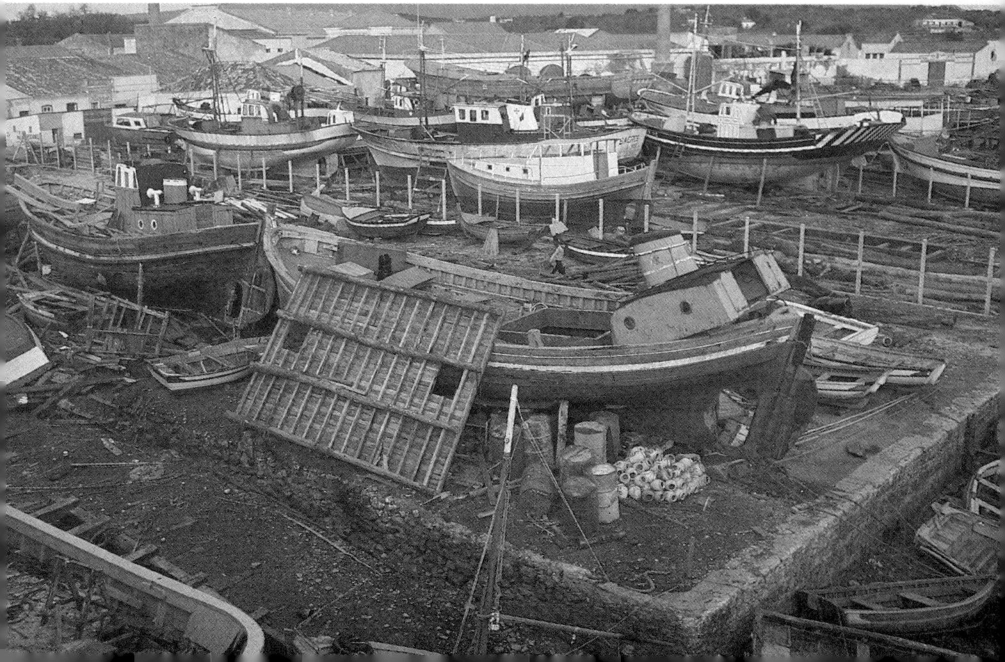

sprechende Sicherung. Da man auch mal funken wird, wenn die Batterien geladen werden, ist ein Voltmeter zur Überwachung der Batterie = Ladespannung nötig. Sind die Batterien voll, kann die Ladespannung nämlich auf 16−18 Volt ansteigen, was zu ernsten Schäden am Rig führen kann.

Ein elektronisches Gerät zur Anzeige der Batterie-Restkapazität ist – vor allem, wenn man nicht viel motort – sehr praktisch.

Zur Beleuchtung des shack ist neben einer normalen Beleuchtung Rotlicht zu empfehlen, damit die Dunkeladaption bei einem kurzen Besuch im shack auf nächtlicher Wache nicht aufgehoben wird. Wichtig, besonders auf GFK-Schiffen: die gute Erdung aller Geräteteile am Motorblock oder der Wellenanlage.

Von Ralf Deseke c/o Yacht ›vito II‹ HORTA/AZOREN.


## HASSLIEBE: DER AUSSENBORD-MOTOR

An seiner Daseinsberechtigung gibt es keinen Zweifel. Mühelos werden damit kilometerlange Strecken mit dem häufig überladenen Beiboot zurückgelegt. Er kann noch mehr!

Bei viel Wind und Strömung wird Beiboot-Fahren unsicher. Oft genug treiben in der Karibik Dingis ab. Selbst der kleinste Außenbord-Motor leistet mit seinen 1,5 PS fünfmal soviel wie ein durchtrainierter Sportler, der es kurzfristig auf maximal 1/3 PS ›bringt‹. Eine echte Haßliebe verbindet Langzeitsegeler mit der kleinen Maschine. Solange er läuft, erleichtert der schnurrende Zweitakter unser Dasein. Streikt er, wird er nicht selten ruck zuck im Meer versenkt. Ein paar Beispiele, weshalb der kleine Außenborder ein langes Leben haben soll.

153

Ein zweiter Anker kann mit angehängter, zentnerschweren Kette nur mit einem Außenborder bei Gegenwind und Strömung ausgebracht werden.

Ankerplätze werden nicht mehr auf eine möglichst kurze Entfernung zum Ufer ausgesucht – weil damit die Beiboot-Touren kürzer sind, sondern nach dem besten Ankerplatz, der sich meist etwas abseits der großen ›Flotte‹ dicht beim Riff befindet. Die Gefahr von überfahrenen Ankerketten, losgerissenen Yachten und Diebstahl ist an diesen Plätzen geringer.

Richtig schwere Lasten lassen sich zeitsparend und sicher nur mit einem motorisierten Beiboot transportieren. In Union Island (Grenadinen) muß 500 Meter gegen steifen Passat vom Land zum Schiff zurückgerudert werden. In den Tabago Cays vor St. Vincent setzt eine Strömung von gut drei bis vier Knoten durch den engen Kanal zwischen zwei kleinen Inseln. Da ist ein Gegenansegeln oder Gegenanrudern bei voller Beladung auch für einen potentiellen Olympiasieger unmöglich.

*Wieviel PS sind nötig?*

Ich schleppe jetzt meinen fünften Außenborder mit mir herum. Zuerst war es ein 6-PS-Johnson – er war auf die Dauer zu schwer. Dann kam das andere Extrem, ein knapp 2 PS starker Yamaha. Er war etwas zu schwach für mein 65 kg schweres GFK-Dingi. Dann hatten wir verschiedene 4- und 5-PS-Großserienaußenborder amerikanischer Herkunft. Sie sind ein guter Kompromiß zwischen geringem Gewicht, guter Leistungsentfaltung, befriedigender Zuverlässigkeit und akzeptablem Preis. Es sind die meistverkauften kleinen Außenborder.

Wozu ein moderner, 4 PS starker Außenborder fähig ist, soll ein Beispiel zeigen. Unsere ›Larantuka‹ verdrängt in voller Langstreckenausführung gut 14 Tonnen. Der eingebaute 50-PS-Vierzylinder-Perkins-Diesel bewegt das Boot mit sieben Knoten Fahrt bei ruhigem Wasser voran.

Bindet man das Beiboot im hinteren Drittel der Yacht breitseits an, schiebt der kleine 4-PS-Motor unsere Yacht mit zwei Knoten voran. Selbst der kleine 2-PS-Yamaha drückte das große Schiff mit einem Knoten Fahrt drei Meilen weit in die Bucht von Toulon. Auch eine 25 Tonnen schwere Yacht kann mit einem 5 PS starken Außenborder in Fahrt gebracht werden! Wie mit einem Bugsierschlepper kann mit den motorisierten Dingi in engen Häfen manövriert werden.

Auf den 1500 Kilometer langen amerikanischen Intracostal Waterways werden viele historische Yachten ausschließlich mit dem Außenborder geschoben. Selbst die deutsche Bundesmarine fährt ihren wunderschönen 12er (Ex-Regattayacht) nur mit Beibootunterstützung, weil die knapp 25 Meter lange Yacht keinen Einbaumotor besitzt. Ein guter Außenborder hat also auch Sinn beim Ausfall der Hauptmaschine.

Kleine 4-PS-Außenborder können jetzt mit einer 60 Watt Lichtmaschine und separatem Tank bezogen werden. Zur Not läßt sich die große Starterbatterie für den Einbaumotor auch mit der Außenborderlichtmaschine aufladen. Mit knappen 60 Watt Generatorleistung bleibt das eine ›letzte Chance‹. Es muß also mindestens ein Tag Ladezeit einkalkuliert werden. Ein kleiner Stromgenerator leistet etwa viermal so viel.

Stark verbessert ist die ›Wasserdichtheit‹ einiger Motoren. Die Redaktion ›hobby-Magazin der Technik‹ hat 12 kleine, serienmäßige Beibootmotoren mit einem Vergaserschnorchel versehen und ließ die 2- bis 6-PSler *unter* Wasser laufen. Ich war bei dem Versuch dabei und durfte feststellen, daß der 2-PS-Suzuki, der 4-PS-Mercury und der 5-PS-Yamaha minutenlang unter Wasser liefen! Alle anderen Motoren soffen nach wenigen Sekunden Unterwasserbetrieb ab. Die Zündanlage oder die Vergaser waren nicht genügend wasserdicht versiegelt. Hier liegt die

Achillesferse der meisten Außenborder. Nur ganz wenige haben hermetisch dichte Transistorzündanlagen. Diese Hochspannungs-Zündanlagen sorgen für leichten Start, geringen Kerzenverschleiß und recht günstigen Verbrauch. Über das ganze Drehzahlband wird ein kräftiger Zündfunken geliefert. Man sollte beim heutigen Stand der Außenbordertechnik nicht auf elektronische Zündanlagen verzichten, sie haben die Zuverlässigkeit der Motoren eindeutig verbessert.

Wenig Lobenswertes kann den meisten Herstellern beim Thema Korrosionsbeständigkeit attestiert werden. Immer noch werden korrodierende Schrauben, Muttern und Unterlegscheiben eingebaut. Der Lack platzt nach zwei bis drei Jahren vom Alugußgehäuse ab, weil immer noch unterschiedliche Materialien eingebaut werden. Kupferanoden sind der beste Schutz gegen Korrosion, trotzdem sind die preiswerten ›Zink-Mäuse‹ noch eine Seltenheit bei kleinen Außenbordern. Ärger verursachen auch die Propeller-Splinte. Nur ganz wenige Hersteller verwenden bei ihren kleinen Motoren eine Schlupfkupplung statt der üblichen Propeller-Splinte. Edelstahlantriebswellen wie beim Mercury sind die Ausnahme. Bei allen anderen 2- bis 5-PS-starken-Motoren werden korrodierende, normale Stahlwellen eingebaut.

Die richtige Pflege mit häufigem Getriebeölwechsel ist dehalb eine seemännische Notwendigkeit. (Nach 6 Monaten). Befolgt man die Bedienungsanleitungen nur zur Hälfte, wird der Motor vier bis sechs Jahre ziemlich klaglos arbeiten. Ohne Pflege lebt er maximal drei Jahre oder 500 Betriebsstunden. Mit den neuen Transistor-Zündanlagen und fest eingestellten Hauptdüsen im Vergaser kann ein Außenborder auch an Bord überholt werden. Neben gelegentlichem Abschmieren und dem regelmäßigen Zündkerzenwechsel ist wenig zu tun. Hauptsächliche Ausfallursache ist verdrecktes Benzin, wie es in der Karibik üblich ist. Beste Vorsorge: Mit Papierfilter das Öl-Benzin-Gemisch filtern. Alle paar Tage sprüht man den kalten Zylinder, den Vergaser und alle elektrischen Teile reichlich mit einem Korrosionsschutzspray ein. Dann findet das hochschwappende Salzwasser kaum Angriffspunkte. Vor dem allerersten Start soll der ganze Motor mit ›Motorplast‹ versiegelt werden. Eventuelle Lackschäden lassen sich mit Original-Farbtonsprays ausbessern. Nur seewasserfestes Schmierfett darf an die Schmierstellen. Normales Fett würde schnell verharzen. Der Pflegeaufwand ist also beachtlich.

In der Karibik findet man in den Grenadinien, auf den französischen Antillen und den amerikanischen und britischen Virgin Islands offizielle Servicewerkstätten für die japanischen Yamahas und alle amerikanischen Modelle von Johnson/Evinrude und Mercury.

Mariner-Motoren können von Yamaha- und Mercury-Händlern gewartet werden. Bis 25 PS entsprechen diese Motoren den vergleichbaren Yamahas, ab 50 PS sind es fast baugleiche Mercurys.

Seagull-Außenborder sind bei englischen Seglern sehr beliebt. Mit ihrem großen Untersetzungsgetriebe eignen sich die langsamdrehenden, großen Schubpropeller besonders gut als Hilfsmotor für kleine Kajütboote und schwerbeladene Beiboote. Offizielle Servicewerkstätten gibt es dafür allerdings nicht. Der Segler soll den Motor selbst an Bord warten, argumentiert die englische Firma. Das Ergebnis kann häufig bewundert werden: der Beibootmotor hängt hochgeklappt am Heck. Ich vertraue jetzt auf einen amerikanischen Mercury 3,9-PS-Motor. Diese Motoren werden in riesigen Stückzahlen gebaut, ein Weiterverkauf ist deshalb überall möglich. Ersatzteile besorge ich mir bei Charterboot-Agenturen.

# SECHSTER TEIL

# Vor der Heimfahrt

## PROVIANT FASSEN – PANISCHE ZEITEN

Die letzten Tage vor dem Start sind hektisch. Je nach Temperament durchwühlen gestandene Segler das Lebensmittelangebot der Supermärkte. Die Suche nach abwechslungsreichen Konserven bereitet jedem schlaflose Nächte, wenn der nächste Supermarkt auf der anderen Seite des Ozeans liegt. Bei der Rückreise geht's viel harmonischer zu.

Wir vertrauten auf die relative Schnelligkeit unserer ›Larantuka‹, und prompt hatten wir bei den Azoren nur noch ganz wenig zu knabbern. Zu locker sollte man die Proviantierung also nicht nehmen.

Im Gegensatz zu dreißig Jahre zurückliegenden Ozeanfahrten sind die Grundnahrungsmittel heute kein Problem mehr. Frische Eier aus dem Supermarkt von Las Palmas hielten zwei Monate lang an Bord, ohne Einreiben mit Vaseline, ohne Zeitungspapier-Wickeleien und ohne sekundenschnelles Abkochen.

Dänische Dosenbutter hält jahrelang. Sie wird in spanischen Delikatessen-Läden verkauft.

Stark entrahmte Beutelmilch hielt sich bis zu drei Monate unter teilweise tropischen Temperaturen. Frische Kartoffeln vom Montagsmarkt in Las Palmas aßen wir mit erstklassigen Zwiebeln, grünem Paprika und frischen Äpfeln noch in Grenada. 32 Tage waren seit dem Einkauf vergangen.

Frische Pfirsiche, Apfelsinen und Zitronen behielten ihr gutes Aussehen nur 15—20 Tage. Dafür bleibt ein Weiß- und Rotkohlkopf mindestens sechs Wochen lang frisch. Wo soll eingekauft werden? Im Supermarkt liegt das Zeug vielleicht schon 10 Tage im Regal. Deshalb einen kleineren Ladenbesitzer nach einer neuen Lieferung fragen, oder mit dem Taxi oder Mietwagen direkt zum dreimal wöchentlich stattfindenden Gemüsemarkt fahren.

Die Nervosität bei Fleischwaren ist sicher berechtigt. Sofern man keine Tiefkühltruhe hat – die wenigsten Schiffe haben diese durchaus sinnvolle Einrichtung – ist man wie auch wir auf Konserven und ein paar geräucherte Schinken angewiesen.

Den besten Tip gab mir mein Freund Heinz vor der Abfahrt aus Toulon: »Selbst wenn Du einen Lieferwagen brauchst, kauf alle Fleischkonserven fürs ganze Jahr in Deutschland ein. Auch amerikanische Fleischkonserven sind mit der deutschen Qualität nicht zu vergleichen. Hier taugen unsere Lebensmittelgesetze wirklich. Die wenigsten ausländischen Fleischkonserven sind wirkliche Dauerkonserven, die meisten Dosen rosten nach sechs Monaten durch. Die Ware ist schon nach drei bis vier Monaten total ungenießbar.

Bevor wir noch in Deutschland unseren Konservengroßeinkauf absolvierten, wurde von jeder Fleisch-, Wurst- und Gemüsedose eine zur Probe gekauft. Es liegt mir fern, für ein Unternehmen Werbung zu machen, aber bei Aldi und EZA fanden wir die schmackhaftesten Konserven mit dem längsten Frischhaltedatum.

Dennoch ist Vorsicht bei Fleisch- und Wurstkonserven angebracht. Als ich zum ersten Mal die Cumberland Bay in St. Vincent ansteuerte, fragte mich ein farbiger Beach

Boy nach ein paar Konserven. Ich wollte ihm eine Dose Schwartenmagen schenken. Er sah sich die Dose genau an und gab sie mir angeekelt zurück: »I never will eat German Schwartenmagen any more.« Folgendes war passiert. Mein Kumpel Heinz hatte sich von seinem Bruder per Hausschlachtung einige Kilo Schwartenmagen eindosen lassen. Bis er in der Karikik ankam, war der Schwartenmagen offensichtlich schon verdorben. Heinz schenkte eine Dose jenem Beachboy. Anschließend lag die ganze Familie Wallibu für drei Tage mit einer massiven Fleischvergiftung auf der Matte! So versaut man den Ruf deutscher Fleischprodukte.

Keine Probleme bereitet die Versorgung mit Brot. Selbstgebackenes Brot ist eine Delikatesse. Wer keinen Backofen an Bord hat, kann auch mit dem Dampfkochtopf backen. Schließlich bietet sich auch selbstgemachtes marokanisches Fladenbrot an, das in der Pfanne gebacken wird.

Dosenbrot aus Bundeswehrbeständen ist auch nach dem Verfalldatum noch für mindestens drei Jahre eßbar. Eingeschweißtes Schwarzbrot ließ sich auch nach Monaten tropischer Hitze genießen.

Die Hektik vor dem Start ist also unbegründet, sofern wir uns mit Grundnahrungsmitteln gut eingedeckt haben. Was uns nach 14 Tagen Atlantik fehlt, sind so leckere Sachen wie Artischockenherzen, Gewürzgurken, – Delikatessen in jeder Form. Darüber sollte sich der ›Smutje‹ vor Antritt der Reise Sorgen machen.

Wie sieht's mit den Getränken aus? Säfte, Rotwein und Rum müssen für besondere Bordfeste in reichlicher Menge vorhanden sein. Der Bordalltag wird zum Feiertag, wenn die ersten 1000 Seemeilen bezwungen wurden. Das können wir von guten Charterjachten abkupfern: Kein Tag auf dem Atlantik ist so grau, daß es nichts zu feiern gäbe.

Trinkwasser wird in sehr unterschiedlicher Qualität auf den kanarischen Inseln verkauft. Amerikaner würden das entsalzte Meerwasser kaum trinken. Tatsächlich ist es rein, aber der Chlorgeschmack ist unangenehm. Letztlich müssen wir uns mit dem zufriedengeben, was uns angeboten wird. Im großen Hafen von Las Palmas war das Trinkwasser an der Fischerkaje recht gut, nur wenige Meilen entfernt hat uns das Wasser im neuen Hafen von Puerto Rico, kanarische Inseln wenig geschmeckt.

Zwei Tage später probierten wir wieder einen Kanister voll Puerto Rico-Wasser, und diesmal war es eindeutig besser. Dann füllten wir unsere beiden Haupttanks und zehn 20-Liter-Tanks als eiserne Reserve voll.

In die Kunststoffkanister gaben wir noch die vorgeschriebene Menge ›Micropur‹, weil sich in Kunststoffkanistern schon nach 14 Tagen auf See Algen ansammeln. An sich sollen Algen unschädlich sein, aber geringe Mengen von Silberoxiden (Micropur und Certisil) sind wirklich geschmacklos und halten das Trinkwasser keimfrei.

Zweifellos wird mit der Trinkwasserqualität Angst und Schrecken verbreitet. Der ständige ›Genuß‹ von bakteriell leicht ›verseuchten‹ Wasser baut Abwehrkräfte auf – das wird mir jeder alte Afrika-Kenner bestätigen. Ob das Schiff nun Tanks aus Edelstahl, Grauguß, Kunststoff oder ABS-Kanister hat – nichts ist wirklich chemisch sauber. In jedem Tank setzen sich Algen an. Solange man seine Tanks nicht regelmäßig über ein Mannloch reinigt, wuchern sie weiter.

Mein Freund Heinz hat ziemlich verrostete Graugußtanks, die ein Vorbesitzer einmal mit Tankfarbe gestrichen hat. Als Charterbootkapitän lebt Heinz jedes Jahr acht Monate auf seinem Schiff, noch nie wurde ihm in den letzten sieben Jahren vom Trinkwasser übel, höchstens von zu üppigen Rationen gepanschten Weins.

Meine Edelstahltanks haben sich bis jetzt gut bewährt.

Die Algenbildung ist minimal. Mit Zitronensäure reinige ich die Tanks zweimal im Jahr.

Ganz schlechte Erfahrungen erlebte ich bei meinem letzten Boot, das mit einem der heute üblichen schwarzen Neoprentanks ausgerüstet war. Die Trinkwasserqualität war zu Beginn abscheulich, später besserte sich der Geschmack. Nach zwei Jahren rieb sich der elastische Tank an der Kunststoffoberläche ›wund‹ und leckte.

Bei einer Atlantiküberquerung kann das schlimme Folgen haben. Ich würde mich nie auf nur einen Tank verlassen, sondern immer zwei Tanks plus Kanister mitnehmen. Der beste Edelstahltank nützt nichts in der Rettungsinsel!

Allerbeste Wasserqualität kommt auf dem Atlantik vom Himmel herab. Bei der ersten Atlantikreise regnete es siebenmal länger als eine Viertelstunde. Einmal goß es für zwei Tage aus voller Kübeln. Bei der zweiten Überquerung regnete es elfmal in fast regelmäßigen Intervallen. Kurz vor Sonnenuntergang war Duschzeit. Ähnliches gibt es auf den Grenadinen. Dort regnete es im Winter fast täglich zwischen vier und halb fünf Uhr abends und oft auch mehrmals in der Nacht.

Der Segen vom Himmel kann genutzt werden. Dafür ist nach meiner Erfahrung eine leicht modifizierte Segel-Baumpersenning besonders geeignet. Am Großbaum sammelt sich alles Wasser aus Mast und Segel an. Jetzt fließt es den Baum entlang bis zum Drehreffbeschlag. Dort muß die Baumpersenning einen breiten Trichter mit Schlauch haben. Dieser Schlauch wird dann nach einigen Minuten Regen in die Kanister geleitet. Bei tropischen Regenfällen läßt sich ein 400-Liter-Tank in zwei Stunden füllen! Haarewaschen und ein anschließendes kostenloses Duschbad sind eine Wohltat. Nur das Timing muß stimmen. Nach einer halben Stunde ist der stärkste tropische Regenguß in der Regel weitergezogen.

In der Karibik kann eine Menge Geld durch die eigene

Wasserversorgung eingespart werden. In St. Lucia kosten 450 Liter Wasser in der Virgie Marina 17 Mark. In Bequia bezahlte ich schon 30 Mark dafür. In Martinique bekommt man eine halbe Tonne Wasser für acht Mark. Dort regnet es auch besonders häufig, während die nur 100 Seemeilen entfernten kleineren Grenadineninseln das Wasser aus Barbados per Tankschiff bekommen müssen. Dreißig Seemeilen weiter regnet es in Grenada wieder fast so viel wie auf Martinique und Dominica.


## RÜCKREISE:
## KARIBIK-AZOREN MIT HINDERNISSEN

Wir müssen zurück nach Europa. Auf Nina wartet wieder das Gymnasium, Uschi und ich werden in zwei Monaten in der Redaktion erwartet.

»Es ist schon Anfang Mai, wir müssen uns beeilen, sonst packt uns noch ein Hurrikan,« meint Uschi zu Recht. Die großen Charteryachten sind schon Anfang April abgereist. Ein letztes Mal Proviant fassen auf St. Barts, dann zeigt die Überseglerkarte unser nächstes Ziel: Horta auf den Azoren. In drei Wochen wollen wir die 2900 Seemeilen hinter uns bringen. Doch es kommt ganz anders.

Am sechsten Tag auf See gibt die elektrische Selbststeueranlage nur noch schwache Steuersignale von sich. Das Ampèremeter der Batterien zeigt magere 11 Volt an. »Jetzt aber den Motor an und schnellstens Batterien laden,« fährt es mir durch den Kopf. Wupp . . . Wupp . . . Wupp. Ganz mühsam dreht der Starter. Dann ist Stille im Schiff. »So ein Mist«, knurre ich und versuche eine Stunde lang alles, um die Maschine wieder in Schwung zu bringen. Vergebens, die große Starterbatterie war leck gesprungen, die ganze Batteriesäure ausgelaufen. Die zweite Versorgungsbatterie war zu leistungsschwach für den Motorstart. Was das für uns bedeutete, war jedem klar.

Der 50-PS-Diesel hat keinen Handstarter. Wir mußten Rudergehen für die nächsten 2000 Seemeilen, durch Stürme und Flauten, Tag und Nacht.

37 Tage später kommt Land in Sicht. Es ist der Pico vor Horta. Unsere Navigation war einwandfrei. Unsere Freunde Ralf und Angelika begrüßen uns überschwenglich. Viele andere Yachties versammeln sich bei uns.

Wenige Tage nach unserer Ankunft fliegen wir nach Deutschland zurück, weil Ninas Klassenkameraden schon seit 14 Tagen büffeln. Wir haben unseren Zeitplan drastisch überzogen. Unsere ›Larantuka‹ liegt unter der Obhut eines Lotsen gut verankert im Hafen von Horta.

In einem Monat werden wir unsere beruflichen Dinge geregelt haben, dann wollen wir die restlichen 1000 Seemeilen nach Faro/Portugal segeln.

Wieder kommt es anders. Anruf vom Bürgermeister in Fellbach: »Es liegt uns ein Schreiben vom Honorarkonsulat der Azoren vor, Sie werden umgehend in Horta erwartet.« Was war passiert? Jemand hat vor einigen Tagen während unserer Abwesenheit das Schiff aufgebrochen und ausgeraubt. Unser ganzes Navigationsbesteck einschließlich Sextant, Funk und Kurzwellenradio wurde gestohlen. Selbst die Petroleumlampen wurden abgeschraubt. Den großen Werkzeugkoffer haben die Diebe gleich ganz mitgenommen. Hier hat sich jemand mit Segelzubehör eingedeckt, der es brauchen kann!

Wieder Rückflug nach Deutschland, denn auf den Azoren gibt es keine Sextanten zu kaufen. Neue Batterien für den Motor besorgt nun ein Bekannter vom Militärdepot. Die Versicherung zeigt sich bereit, den Schaden zu ersetzen. Zum Glück habe ich alle Seriennummern der Geräte notiert und kann sie der Polizei und der Versicherung geben. Peter vom Café Sport hilft wie ein echter Freund und

164

erleichtert die Abwicklung mit der portugiesischen Polizei und dem Versicherungsagenten.

Ende September setzen wir endlich Segel und fahren zum Hafen hinaus. Herein kommt in dem Moment Michael Birch, der berühmte Rennsegler mit seinem riesigen 24 Meter langen Renn-Trimaran. Der 30 Meter hohe Mast ist angebrochen.

Hundert Seemeilen von Horta entfernt rollen wir unter starkem Nordostpassat in Richtung Europa. Uschi hat ihre erste Nachtwache. Gegen 24 Uhr nachts falle ich aus der Koje. Schäumendes Wasser, ein schwarzer Fels im Wasser, dann eine riesige Schwanzflosse – ein Wal hat uns gerammt.

Das 12 Tonnen schwere Schiff wird angehoben und fällt aufs Wasser zurück. Der Schreck sitzt uns schwer in den Knochen. Hier um die Azoren werden noch Wale von offenen Booten gejagt. Vielleicht war es ein verwundeter Wal, der uns aufs Korn genommen hat, wir wissen es nicht. In den nächsten zwei Tagen sehen wir noch weitere vier Wale behäbig im Meer ruhen. Am frühen Morgen tauche ich zum Kiel hinunter, aber bis auf abgeschabte Unterwasserfarbe ist offensichtlich nichts passiert. Acht Tage später nehmen wir unser Boot in Vilamoura/Faro aus dem Wasser. Dort, wo der Wal uns getroffen hat, ist die Farbe bis aufs Gelcoat abgeschmirgelt. Ein Holzboot wäre ohne größeren Schaden nicht davongekommen. Wie lang der Wal gewesen ist, kann ich nicht sagen. Gut 16 Meter lang war einer der vier Wale, die wir zwischen den Azoren und dem Festland beobachten konnten. Auch in der Karibik sahen wir mehrmals ganze Herden von kleineren, etwa neun Meter langen Walen. Dort in Petit Navies (Grenadines) fingen Eingeborene mit einem offenen Walfangboot im vergangenen Jahr einen rund 40 Tonnen schweren Blauwal. Kleinere Spernwale kann man bei fast jeder Überfahrt von St. Lucia nach St. Vincent beobachten.

Jetzt ist unsere ›Larantuka‹ wieder im Mittelmeer. In drei Jahren werden wir genügend Geld für eine neue Reise verdient haben. Dann wollen wir wieder über die Karibischen Inseln nach Amerika und Kanada segeln. Wie's dann weitergeht, weiß nur Neptun – und der hält dicht.

## EHRLICHES FAZIT EINER LANGEN REISE

Für uns drei war die ganze Reise trotz aller Schwierigkeiten ein Erfolg. Wir haben unser Boot heil zurückgebracht und hatten Erlebnisse, die hängen bleiben. Unsere Ehe hat davon profitiert, weil wir endlich über alles sprechen konnten, was sich nach 18 Jahre Zusammenleben ansammeln kann. Auf dem Atlantik gibt es kein Ausweichen vor dem Partner. Da muß man durch. Ich halte das für den wertvollsten Aspekt einer langen Reise.

Unser Schiff hat uns nie im Stich gelassen, obwohl ich einige unverzeihliche Fehler – wie die zu kleinen Batterien – machte. An Land läßt sich alles reparieren, auf See muß man damit leben. Wir werden uns nicht nach einem neuen Boot umsehen, sondern das vorhandene noch sorgfältiger pflegen und grobe Fehler hoffentlich nur einmal machen. Völlig falsche Vorstellungen wurden mir über die Passatwinde in Segelführern versprochen. Man darf sich keinen Illusionen hingeben. Der südliche Atlantik kann sehr kalt, stürmisch und scheußlich unbequem sein. Beate Kammlers Erlebnisse decken sich mit unseren Erfahrungen.

Auch in der Karibik blies es monatelang mit durchschnittlich fünf bis sechs Windstärken. Zwischen den Inseln baut sich ein Seegang auf, der für kleinere Boote zumindest unbequem, oft aber auch sehr gefährlich sein kann. Hier schreiben Touristen-Segelführer von beständigen drei bis vier Windstärken oder einer sanften Brise.

Noch etwas über die Kameradschaft unter den Yachties. Die meisten sind unheimlich nette Menschen, aber viele haben einen leichten ›Dachschaden‹.

Blauwassersegeln ist kein leichter Zeitvertreib, das ist oft viel härtere Arbeit als an Land. Träumer und gestrandete Existenzen werden in der Karibik ihr Waterloo erleben, das ist für mich die rauhe Erkenntnis. Daß unser Schiff ausgerechnet in Horta, einem der letzten echten Segelparadiese, ausgeraubt wurde, schmerzt mich, weil nur ein anderer Segler von den gestohlenen Dingen profitieren kann. Man muß damit leben. Dem einen wird das Beiboot geklaut, dem anderen die Freundin.

Was ich aus diesen achttausend Seemeilen gelernt habe, steht hier im zweiten Teil Es ist ein Versuch, mehr nicht, denn bei jeder Seemeile lernt man neu hinzu – auch einer der guten Aspekte des Langstreckensegelns.

# Anhang

## DIE WICHTIGSTEN SEEFÜHRER

**Für die Atlantik-Überquerung:**
›Atlantic Crossing Pilot‹
›Ocean Passages for the World‹ Standardwerk
›Navy Survival Handbuch‹ Pietsch-Verlag

**Für die Karibischen Inseln:**
›Streets's Cruising Guide to the Eastern Caribbean‹

Teil 1: Puerto Rico to Dominica
Teil 2: Martinique to Trinidat
Teil 3: Venezuela
Wer diese hervorragend genauen Segelführer besitzt, kann alle bekannten Buchten und Hafenplätze ohne zusätzliche Detailkarten anlaufen. Diese Führer sind ein Muß für Skipper mit eigenem Boot.

Route über die Bahamas, Bermuda, Azoren zurück nach Europa. Die besten Segelführer:
Wilensky: ›Yachtmans Guide to the Bahamas‹.

British Admirality Pilots für Bermudas, Azoren.
Diese Führer sind für die Berufsschiffahrt geschrieben. Die Informationen sind nur bedingt anwendbar auf unsere viel kleineren Boote. Vergleichbare Yachtführer gibt es immer noch nicht. Deshalb sind die Empfehlungen für die besten Ankerplätze nicht korrekt. Die Wassertiefen eignen sich nur für größere Schiffe. Alle anderen Angaben über Versorgungsmöglichkeiten, Rettungsstationen, Krankenhäuser etc. können selbstverständlich benutzt werden.

Sämtliche Hafenhandbücher, Seekarten und Seeführer gibt es bei Eckardt & Messtorff GmbH, Rödingsmarkt 16, 2000 Hamburg. Kostenlose Handmappe wird zugeschickt.

168

**Wichtige Zubehör-Lieferanten:**
Wind- oder wasserangetriebene **Stromgeneratoren** liefert: Balance Engineering, 135 Cambridge Road New Wimpole.

**Bordgenerator:**
Macht aus 12 Volt 220 Volt. Firma Fein GmbH, Postfach 172, 7000 Stuttgart.

**Elektrische Selbststeueranlagen:**
Autohelm Nautech LTD
The Airport Eastern Road, Portsmouth.

**Aries Windfahnen-Selbststeuerung:**
Marine Vane Gears. Northwood Cowes.

**Aufblasbare große Luftsäcke**
zum Unsinkbarmachen von kleinen Seekreuzern: W. H. den Ouden GmbH, Auf der Sand 22, Hilden.
Siss-Rettungssystem Fa. PMU, 4750 Unna.

**Turbopumpe**
für schnellste Schlauchboot-Aufblasung. Torell Boote, Querinstraße 19, 4000 Düsseldorf 11.

**Wasserdichte, durchsichtige Großraumtaschen fürs Rettungsbeiboot:**
Webco GmbH, Schützenstraße 107, 2000 Hamburg 50.

Rettungsmittel für Beiboote und Rettungsinseln, Starfighter Notausrüstung z. B.:
Ballonfabrik Augsburg, 8200 Augsburg, Industriestraße oder Deutsche Schlauchbootfabrik, Postfach 1169, 3456 Eschershausen.

**Solardestillationsapparate:**
Firma Autoflug, 2400 Ratingen/Hamburg.

**Ringförmiger Sicherheitskragen**
macht Beiboote unsinkbar und kentersicher:
ADD a Buoy Mountcracken Marine, Brighton Marina Sussex, England.

## Letzte Chance:
## Hurrikan-Schlupfwinkel

Diese zwölf Hurrikan-Holes bewahrten viele Segler schon vor dem Schlimmsten. Es gibt noch andere Ankerbuchten, die als sicher gelten. Nur werden diese Plätze schon nach den ersten Sturmwarnungen von lokalen Fischern und Inselschonern überbelegt sein.

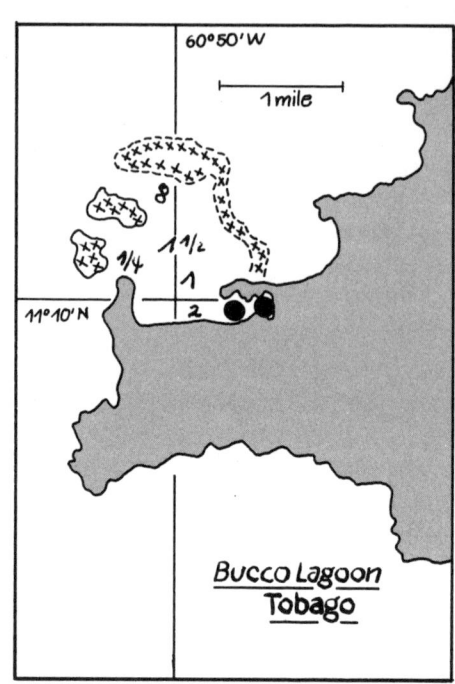

Bucco Lagoon
Tobago

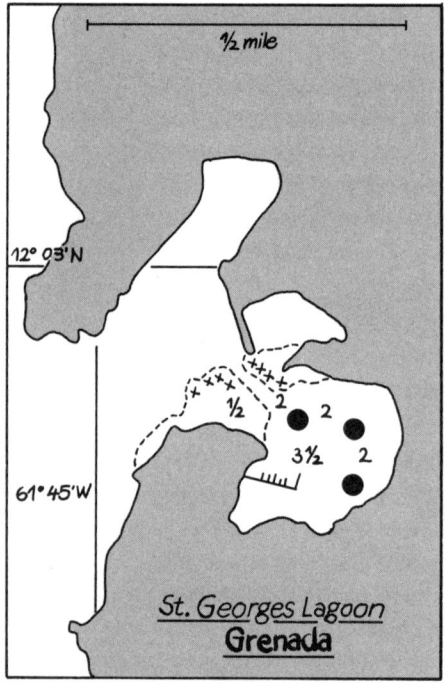

St. Georges Lagoon
Grenada

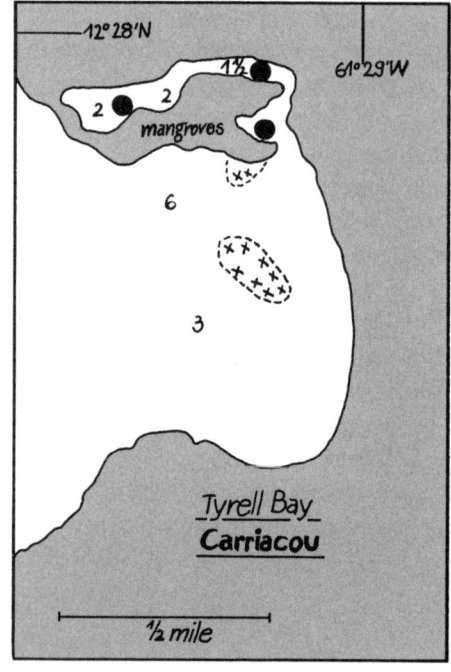

Tyrell Bay
Carriacou

Die gefährlichsten Monate sind Juli, August und September. Im Juni und Oktober hat es auch schon Wirbelstürme in der Karibik gegeben. Sie sind aber die Ausnahme. Von Ende Novem-

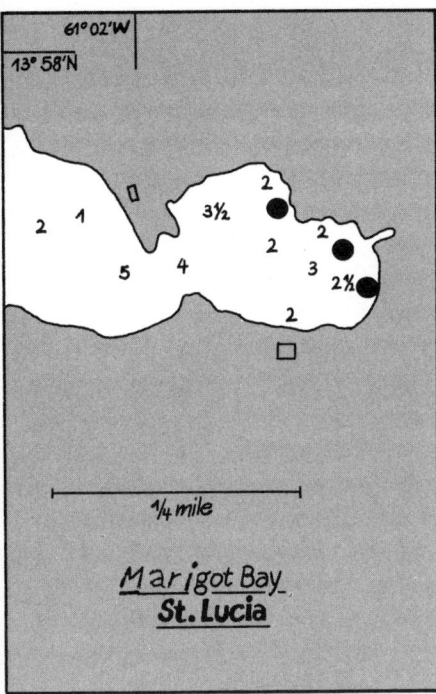

61° 02'W
13° 58'N

2
3½
2
2
2
2½
2
1
2
5
4
3

¼ mile

Marigot Bay
St. Lucia

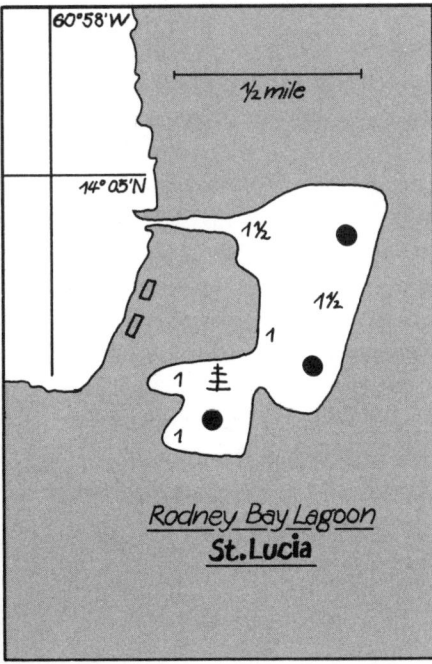

60°58'W

½ mile

14° 05'N

1½

1½

1

1

1

Rodney Bay Lagoon
St. Lucia

ber bis Ende April wird kein schwerer Hurrikan die Karibischen Inseln heimsuchen – sagt die Statistik.

Alle Tiefenangaben wurden in Fathoms angegeben, weil die offiziellen englischen und amerikanischen Karten die gleiche Maßeinheit haben. Ein Fathom entspricht 1,86 m. Hurrikansichere Buchten liegen in den Grenadinen fast auf Sichtweite. Die längste Se-

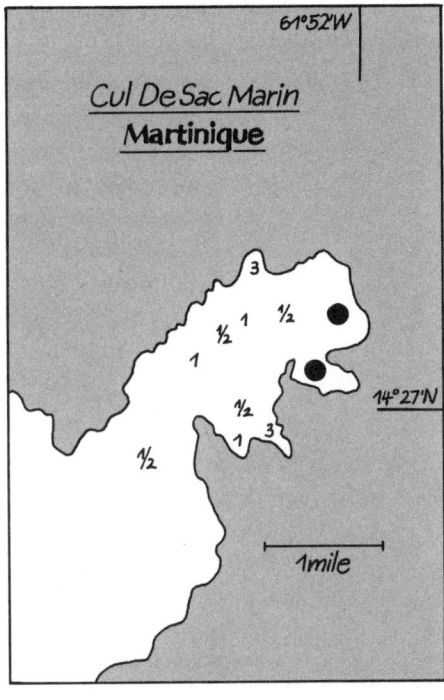

61°52'W

Cul De Sac Marin
Martinique

3
½
1
½
1
1
½
½
3

14° 27'N

1 mile

gelstrecke beträgt knappe 100 Seemeilen. Zwischen Grenada und Martinique ist die größte Distanz zwischen den Hurrikan-Schlupflöchern nur 45 Seemeilen.

171

Über den lokalen Rundfunk werden stündliche Wettervorhersagen durchgegeben, sofern ein Wirbelsturm im Anmarsch ist. Auch die weitreichenden Wettersender von Radio Caribien, Barbados und Martinique informieren schon tagelang vor Eintreffen eines Sturmtiefs über die Zugbahn des Hurrikans. Zwischen den Inseln kann deshalb auch in den gefährlichen Sommer-

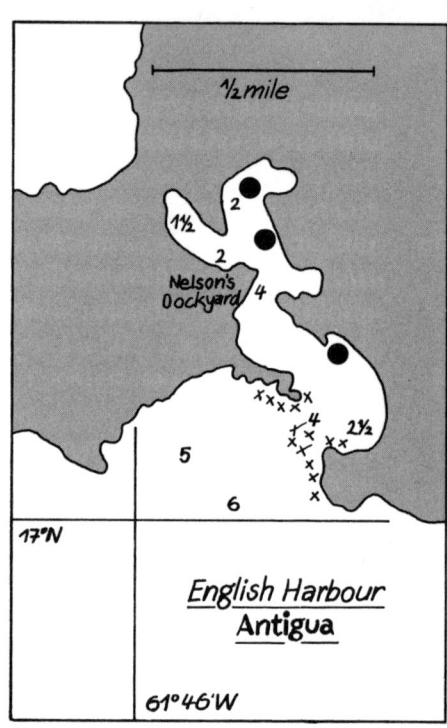

English Harbour
**Antigua**

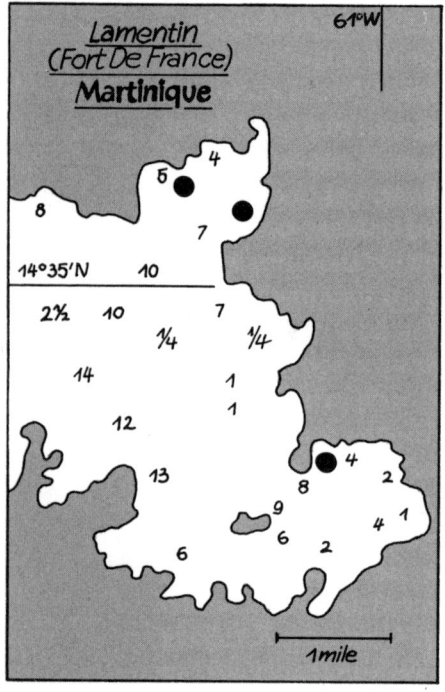

Lamentin
(Fort De France)
**Martinique**

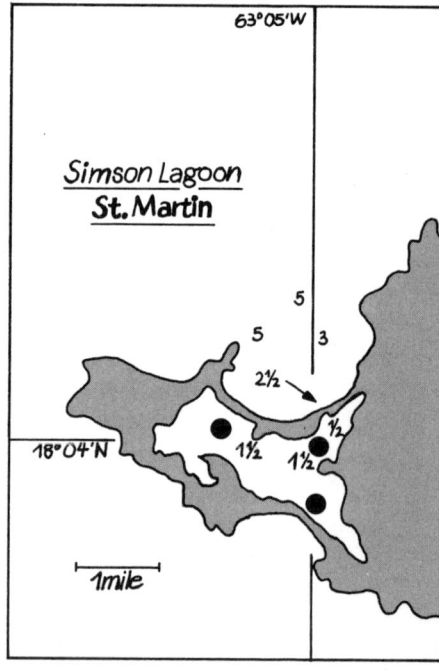

Simson Lagoon
**St. Martin**

monaten (Mai bis Oktober) in den Grenadinen gesegelt werden, sofern man den Wetterbericht und auf die Eingeborenen hört.

Hurrikansicher ist die südamerikani-

172

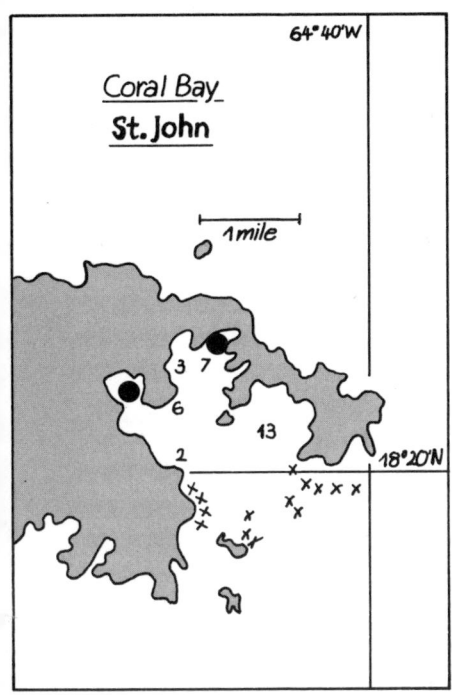

Coral Bay
St. John

1 mile

3 7
6
13
2
64°40'W
18°20'N

sche Küste von Venezuela. Dorthin fahren viele Langstreckensegler im Sommer. Preise und Versorgungsmöglichkeiten sind günstiger als in den Grenadinen. Einziger Nachteil: Will man über die Karibischen Inseln zurück nach Europa segeln, stehen rund 200 Seemeilen Passatwinde und Seegang gegenan, bis das Boot Martinique erreicht hat.

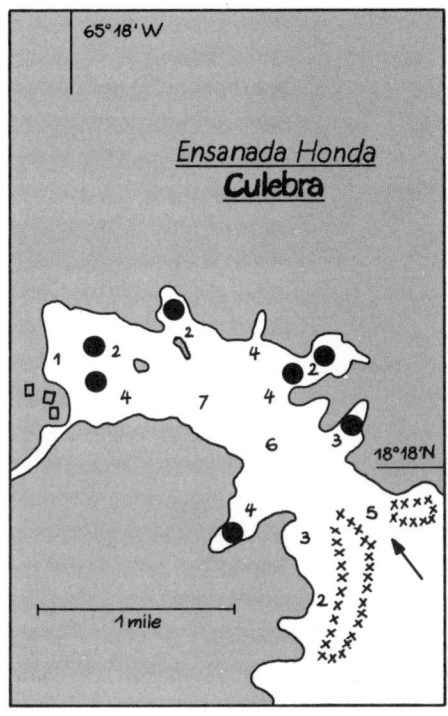

Ensanada Honda
Culebra

65°18'W

1 2 2 4 2
4 7 4
6 3
4 3 5
2
1 mile
18°18'N

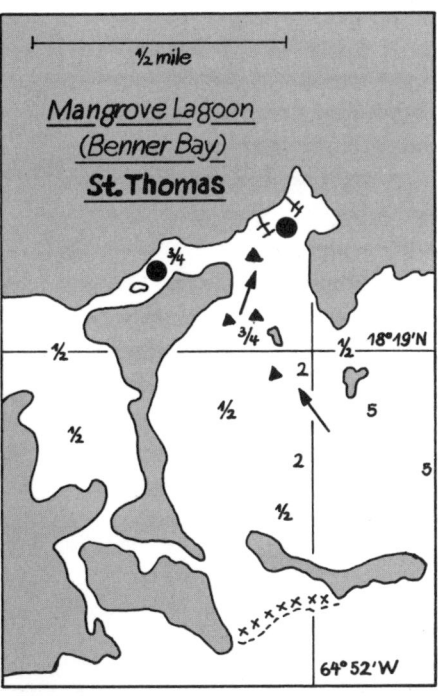

½ mile

Mangrove Lagoon
(Benner Bay)
St. Thomas

¾
¾
½ 2 ½ 18°19'N
½ 5
2
½ 5
64°52'W

173

## Dosengerichte mit Fleisch

| | |
|---|---|
| Spaghetti m. Fleischbällchen | 5 kg |
| Reis mit Fleisch | 5 kg |
| Chop Suey mit Huhn | 3 kg |
| Lasagne | 5 kg |
| Ravioli | 5 kg |
| Rindsrouladen | 6 kg |
| Sauerkraut mit Würstchen | 3 kg |
| Mexikan. Bohneneintopf | 4 kg |
| Pichelsteiner Topf | 3 kg |
| Kalbsfrikassee | 6 kg |
| Schinken in Madeirasoße | 3 kg |
| Rindsgulasch | 4 kg |
| Krautwickel | 2 kg |
| Wiener Würstchen | 4 kg |
| Corned Beef | 6 kg |
| | 64 kg |

## Gemüsedosen

| | |
|---|---|
| Bohnen | 6 kg |
| Mischgemüse | 10 kg |
| Spargel | 6 kg |
| Erbsen | 4 kg |
| Mais | 3 kg |
| Champignons | 2 kg |
| Kartoffeln im Glas | 6 kg |
| Spinat | 3 kg |
| Auberginen | 3 kg |
| Schwarzwurzeln | 2 kg |
| Rote Beete | 5 kg |
| Selleriesalat | 2 kg |
| Karottensalat | 2 kg |
| Saure Gurken | 3 kg |
| Paprika im Glas | 2 kg |
| Oliven | 2 kg |
| Geschälte Tomaten | 8 kg |
| Perlzwiebeln | 1 kg |

| | |
|---|---|
| Sauerkraut | 5 kg |
| Grünkohl | 3 kg |
| Rotkohl | 3 kg |
| Senfgurken | 2 kg |
| | 82 kg |

## Standardnahrungsmittel
in luftdichten 10-kg-Plastik-
behältern verpackt

| | |
|---|---|
| Reis | 10 kg |
| Zucker | 10 kg |
| Mehl | 20 kg |
| Nudeln und Spaghetti | 10 kg |
| Katoffelpüree | 5 kg |
| Linsen | 5 kg |
| Chilibohnen | 3 kg |
| Salz | 1 kg |
| Milchpulver | 4 kg |
| Eipulver | 3 kg |
| Grieß | 2 kg |
| | 73 kg |

## Frischverpflegung vom Markt

| | |
|---|---|
| Kartoffeln | 25 kg |
| 100 Eier | 3 kg |
| Paprika | 7 kg |
| Zwiebeln | 20 kg |
| Tomaten | 10 kg |
| Zucchini | 3 kg |
| Kohlkopf | 6 kg |
| Karotten | 4 kg |
| Salat | 5 kg |
| Zitronen u. Orangen | 20 kg |
| Knoblauch | 2 kg |
| | 105 kg |

## Weitere Lebensmittel

| | |
|---|---|
| Brot in Dosen | 10 kg |
| Knäckebrot, Pumper-nickel, Vielkornbrot | 10 kg |
| 1 gr. geraucher Schinken | 4 kg |
| Wurstkonserven | 7 kg |
| Käse | 3 kg |
| Marmelade u. Honig | 3 kg |
| Butter in Dosen | 5 kg |
| Margarine in Dosen | 5 kg |
| Erdnußbutter | 2 kg |
| Früchtedosen z. Dessert | 10 kg |
| Essig und Öl | 6 kg |
| Kaffee, Tee und Kakao | 10 kg |
| Frischmilch in der Tüte | 20 kg |

| | |
|---|---|
| Puddingpulver, Fertig-suppen, Soßenpulver, Brühwürfel, Hefe, Süßstoff, Backpulver, Fertigkuchenmischung, Gewürze ca. | 55 kg |
| | 100 kg |

## Getränke

| | |
|---|---|
| Trinkwasser | 650 kg |
| Säfte, Cola, Sprudel | 60 kg |
| Bier, Wein u. Spirituosen | 50 kg |
| | 760 kg |

Das Gesamtgewicht unserer Verpflegung betrug ca. 1174 kg. Das Volumen der Vorräte umfaßte den Laderaum eines Ford Transit! Wir konnten davon drei Monate lang leben, abgesehen von frischen Nahrungsmitteln, die wir auf den Karibischen Inseln ergänzten.
In der Liste sind nur die wichtigsten Nahrungsmittel aufgeführt.
Bei einem Durchschnitts-Dosenpreis von DM 2,50 ergeben sich Proviantkosten von DM 2935,–.
In der Karibik wurden noch einmal durchschnittlich DM 800,– je Monat von der Bordkasse für Lebensmittel und Getränke ausgegeben.